Michael N. Ebertz | Lucia Segler

Caritas und Diversität

LAMBERTUS

Laden Sie dieses Buch kostenlos auf Ihr Smartphone, Tablet und/oder Ihren PC und profitieren Sie von zahlreichen Vorteilen:

- **kostenlos:** Der Online-Zugriff ist bereits im Preis dieses Buchs enthalten
- **verlinkt:** Die Inhaltsverzeichnisse sind direkt verlinkt, und Sie können selbst Lesezeichen hinzufügen
- **durchsuchbar:** Recherchemöglichkeiten wie in einer Datenbank
- **annotierbar:** Fügen Sie an beliebigen Textstellen eigene Annotationen hinzu
- **sozial:** Teilen Sie markierte Texte oder Annotationen bequem per E-Mail oder Facebook

Aktivierungscode: escd-2023

Passwort: 5207-5888

Download App Store/Google play:

- **App Store/Google play** öffnen
- Im Feld **Suchen Lambertus+** eingeben
- **Laden** und **starten** Sie die **Lambertus+ App**
- Oben links den Aktivierungsbereich anklicken um das E-Book freizuschalten
- Bei **Produkte aktivieren** den **Aktivierungscode** und das **Passwort** eingeben und mit **Aktivieren** bestätigen
- Mit dem Button **Bibliothek** oben links gelangen Sie zu den Büchern

PC-Version:

- Gehen Sie auf **www.lambertus.de/appinside**
- **Aktivierungscodes** oben anklicken, um das E-Book freizuschalten
- **Aktivierungscode** und **Passwort** eingeben und mit **Aktivieren** bestätigen
- Wenn Sie Zusatzfunktionen wie persönliche Notizen und Lesezeichen nutzen möchten, können Sie sich oben rechts mit einer persönlichen E-Mail-Adresse dafür registrieren
- Mit dem Button **Bibliothek** oben links gelangen Sie zu den Büchern

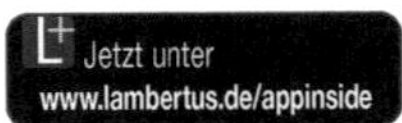

Bei Fragen wenden Sie sich gerne an uns:
Lambertus-Verlag GmbH – Tel. 0761/36825-24 oder
E-Mail an info@lambertus.de

SOZIAL | RECHT | CARITAS

Michael N. Ebertz | Lucia Segler

Caritas und Diversität

Vielfalt ist ein Markenzeichen Gottes

(Judith Bauer)

Bibliografische Information der Deutschen Nationalbibliothek

Die Deutsche Nationalbibliothek verzeichnet diese Publikation in der Deutschen Nationalbibliografie; detaillierte bibliografische Daten sind im Internet über http://dnb.d-nb.de abrufbar.

www.lambertus.de
Umschlaggestaltung: Nathalie Kupfermann, Bollschweil
Druck: Elanders GmbH, Waiblingen
ISBN 978-3-7841-3618-9
ISBN eBook 978-3-3619-6

Inhalt

DIVERSITY

Vorwort
Studie „Caritas und Diversität"

Die Zahl der Menschen, die weltweit vor Krieg, Konflikten und Verfolgung fliehen müssen, war noch nie so hoch wie heute. Laut UNHCR beträgt die Zahl der gewaltsam vertriebenen Menschen weltweit aktuell rund 103 Millionen, doppelt so viel wie noch vor zehn Jahren. In Deutschland lebten Mitte 2022 ca. 2,2 Millionen Flüchtlinge und Asylsuchende. Die Krisen- und Konfliktherde in der Welt lassen in den kommenden Jahren keine Entspannung der Situation erwarten. Durch die wachsende Zuwanderung in den letzten 30 Jahren ist unsere Gesellschaft bunter und vielfältiger geworden.

Das 2015 in der Erzdiözese Freiburg von der Caritas initiierte Projekt „Nah am Menschen von weit weg" hat sich zunächst auf die Unterstützung für Ehrenamtliche, die sich in den Pfarreien und Kommunen für Flüchtlinge einsetzen, konzentriert. Seit 2019 gibt es als Nachfolgemaßnahme die „Werkstatt Integration". Diese hat neben den bewährten Unterstützungsangeboten zusätzlich in den örtlichen Caritasverbänden der Erzdiözese interkulturelle Öffnungsprozesse initiiert und begleitet. Oft sind uns eigene Vorurteile und daraus folgende Ausgrenzungen gar nicht klar, denn unbewusste Wahrnehmungsmuster („unconscious bias") beeinflussen unser alltägliches Handeln, ob wir es wollen oder nicht. Schwierig wird es, wenn Menschen durch unser Verhalten verletzt werden und wir den Grund dafür nicht bemerken.

Aus den mitwirkenden Caritasverbänden erwuchs die Idee, Menschen, die mit der Caritas in Berührung kommen, einmal direkt nach Ihren Eindrücken zu fragen. Wie erleben sie die Einrichtungen der verbandlichen Caritas? Welche Erfahrungen machen sie mit ihr? Welche Rolle spielt Diversität in den Verbänden und wie wird sie im Alltag gelebt? Wie beurteilen Mitarbeitende die Offenheit ihrer Einrichtungen Personen gegenüber, denen (z. B. sexuelle, spirituelle und kulturelle) ‚Andersartigkeit' und ‚Fremdheit' zugeschrieben wird?

Diesen Fragen sind Lucia Segler und Professor Michael Ebertz in der vorliegenden Studie nachgegangen und haben hierfür in Einzel- und Gruppeninterviews mit Klientinnen und Klienten von Caritas-Angeboten sowie mit Mitarbeitenden in den Diensten und Einrichtungen gesprochen. Die Bedingungen zur Durchführung der Studie wurden aufgrund der Corona-Pandemie deutlich erschwert, daher möchte ich den beiden Verantwortlichen an dieser Stelle meinen besonderen Dank aussprechen, dass sie dieses Vorhaben dennoch und ohne Abstriche bis zum erfolgreichen Ende durchgeführt haben. Ein weiterer Dank gilt dem Erzbistum Freiburg, das durch seine großzügige Unterstützung der „Werkstatt Integration" diese Studie erst möglich gemacht hat und das Projekt auch weiterhin fördert.

Die nun vorliegenden Ergebnisse sind eine wichtige Grundlage zur Weiterentwicklung innerhalb der Caritas, sowohl diözesan- als auch bundesweit, damit wir auch in einer veränderten Gesellschaft kompetente und einfühlsame Ansprechpartner für alle sind, die sich hilfesuchend an uns wenden oder sich haupt- oder ehrenamtlich bei und mit uns engagieren möchten.

Birgit Schaer

Vorständin

Einleitung

Vielfalt im Diskurs kirchlicher Sozialunternehmen

Ein hohes Ausmaß an ‚Vielfalt' ist heute – nicht nur über das (jeweils) aktuelle Migrationsgeschehen – in jeder deutschen Kleinstadt angekommen. Soziologische Untersuchungen gehen seit Jahren davon aus, dass im Kontext der Globalisierung, des Tourismus und von Arbeits- und Fluchtmigration, welche die verschiedensten kulturellen Lebensformen zusammenbringen, nicht nur „das Ausmaß der Vielfalt von Äußerungsformen des sozialen Lebens zugenommen hat", sondern auch und „vor allem die Qualität und Beschaffenheit dieser Vielfalt."[1] *Zeitlich* ist diese Beschaffenheit im beschleunigten Wechsel von Pluralitäten zu finden – die jeweilige Neuheit an Vielfalt wird ebenso zur Dauererfahrung[2] wie die Tatsache, dass „(immer wieder) alternative Konzepte des Zusammenlebens auf die Agenda öffentlicher Aufmerksamkeit"[3] gelangen. *Sozial* ist Vielfalt heute nicht mehr als segmentäres – nationalstaatliches, regionales oder lokales oder konfessionelles – Nebeneinander, sondern als Ineinander, wenn nicht ‚Durcheinander' zu erfahren.[4] *Sachlich* pluralisieren sich die Themen und Gegenstände nach unterschiedlichen Logiken der funktional differenzierten Daseinsbereiche und innerhalb dieser Lebensbereiche mehr oder weniger zu Optionen.[5] Das Ausmaß der Vielfalt zeigt sich zum Beispiel in der Flut von (digitalisierten) Informationen über unterschiedliche Themensparten und Sachverhalte in unterschiedlichen Formaten und

Vielfalt als Ineinander und Durcheinander

1 Ludger Pries, Erweiterter Zusammenhalt in wachsender Vielfalt, in: Ders. (Hg.), Zusammenhalt durch Vielfalt? Bindungskräfte der Vergesellschaftung im 21. Jahrhundert, Wiesbaden 2013, 13–48, hier 14.

2 Hartmut Rosa, Beschleunigung. Die Veränderung der Zeitstrukturen in der Moderne, Frankfurt a. M. 2005.

3 Ronald Hitzler, Der Wille zum Wir. Events als Evokationen posttraditionaler Zusammengehörigkeit. Das Beispiel der Kulturhauptstadt Europas Ruhr 2010, in: Ludger Pries (Hg.), Zusammenhalt durch Vielfalt? Bindungskräfte der Vergesellschaftung im 21. Jahrhundert, Wiesbaden 2013, 65–81, hier 66.

4 Ludger Pries, Transnationalisierung: Theorie und Empirie grenzüberschreitender Vergesellschaftung, Wiesbaden 2010; s. auch Michael N. Ebertz, Konfessionen im Wandel. Eine soziologische Perspektive, in: Ökumene im Religionsunterricht. Jahrbuch der Religionspädagogik (JRP) 32/2016, 57–70.

5 Peter Gross, Die Multioptionsgesellschaft, Frankfurt a.M. 1994; vgl. schon Peter L. Berger, Der Zwang zur Häresie. Religion in der pluralistischen Gesellschaft, Frankfurt a. M. 1980.

Stilformen. Deutlich wird die Vielfalt auch in der gleichzeitigen Präsenz von Personen aus unterschiedlichen Herkunftsregionen, mit unterschiedlichen – teilweise mehrfachen – Staatsbürgerschaften, Sprachen, Hautfarben, sexuellen Präferenzen und Glaubensrichtungen. Sogar in Letzteren stellt sich – etwa während eines Lebenslaufs – die Erfahrung ein, dass das, was gestern galt, heute nicht mehr gilt. Vielfalt ist inzwischen für alle wahrnehmbar in TV-Filmen und in den sogenannten ‚sozialen Medien', im Profisport und besonders im Berufsfußball. Diesem ist es offensichtlich gelungen, kulturell-ethnische Pluralität mit National- und Lokalidentitäten zusammenfließen zu lassen und neuen Identitätsformen Raum zu geben.[6]

Was gestern galt, gilt heute nicht mehr

Das Thema ‚Vielfalt' oder ‚Diversität', das als Konzept für die Unterscheidung und zugleich Anerkennung bestimmter Merkmale steht, ist deshalb auch auf die Agenda von Wirtschafts- wie Sozialunternehmen und ihrer Personalarbeit geraten,[7] inzwischen auch der vermeintlich homogenen Kirchen, deren pastoral- wie sozialkirchliche Betriebssysteme mit dem herkömmlichen – national, sexualmoralisch und auch konfessionell homogenen – Personal nicht (mehr?) auskommen.[8] Die gesellschaftliche Umwelt ist aber nicht nur ein ‚Ressourcenvorratslager' für das – immer knapper werdende – Personal, den „Mangel an Fachkräften"[9], sondern auch für die Klient:innen, ohne die die Einrichtungen der organisierten Caritas ihren Zweck verlieren würden: „Wir werden zunehmend unterschiedliche Nationen, Kulturen, Altersgruppen in unseren Einrichtungen haben, und zwar nicht nur unter unseren Mitarbeitenden, sondern auch bei den Menschen, die wir betreuen, pflegen, ausbilden und beraten".[10] Das Management kirchlicher Sozial-

---

6 Caroline Y Robertson-von Trotha, Die Zwischengesellschaft. Ein Orientierungsentwurf, in: Dies. (Hg.), Die Zwischengesellschaft. Aufbrüche zwischen Tradition und Moderne?, Baden- Baden 2016, 53–68, hier 55; Pries, Zusammenhalt, 15 ff.

7 S. hierzu die Erklärung der Charta der Vielfalt des Deutschen Diversity-Tags, der als Unternehmensinitiative am 31.Mai 2022 seinen 10. Geburtstag begeht: www.charta-der-vielfalt.de/ (Zugriff am 29.05.2022).

8 Vgl. hierzu das Themenheft der „Zeitschrift für Pastoraltheologie" 37/2017, H.2: Umgang der Kirche mit Diversitäten.

9 So das Editorial des Themenhefts Der Anstifter. Magazin der Stiftung Liebenau 2022, Heft 2, 3.

10 Editorial, 3.

unternehmen reflektiert auf diese Weise gesellschaftliche und organisationspolitische Anforderungen und die damit verbundenen Herausforderungen für seine Organisationskultur, letztlich ihre kollektive Identität, d.h. die Basis für die Selbstidentifikation des eigenen Systems. Auch in dieser Hinsicht sehen sich die Einrichtungen der organisierten Caritas – trotz aller für Deutschland typischen ‚korporatistischen' Harmonie unter den Spitzenverbänden der Freien Wohlfahrtspflege – in einem doppelten Konkurrenzdruck: sich an die soziodemographische Umwelt anpassen zu müssen, ohne sich ihr anzugleichen.

Anpassung ohne Angleichung

Eine klassische Vorgehensweise von Organisationen, um mit neu auftauchenden Problemen fertig zu werden, wird auch in einigen Organisationen der Caritas zur Bearbeitung der Diversitätsthematik angewandt. Neben der Entfaltung von „Leitbildprosa" besteht sie in einer Maßnahme, die Niklas Luhmann als „Anbaustrategie" bezeichnet hat: in der Hinzufügung neuer Organisationseinheiten oder Stellen mit zusätzlichen Aufgabenstellungen zu dem mehr oder weniger unverändert bleibenden bisherigen Strukturen, die damit nicht belastet werden.[11] Solche Stellen werden zum Ansatzpunkt, um Anpassungsprozesse durch organisationsinterne Veränderungen zu forcieren und nach außen zu signalisieren, dass das Thema Diversität durch die Organisation wahrgenommen und dafür Verantwortung übernommen wird. Mehr oder weniger einflussreich sehen sich die Inhaber:innen solcher angebauter Stellen, etwa ein:e Diversity-Manager:in, herausgefordert, darauf zu „schauen, dass wir die einzelnen Einrichtungen, die einzelnen Verbände, vom Diözesancaritasverband angefangen bis zu jedem Ortscaritasverband, daraufhin abklopfen, ob wir für die Arbeit in dieser veränderten Gesellschaft gerüstet sind."[12] Dieser Check (*„abklopfen"*) zielt auf die Umweltanpassung kirchlicher Sozialunternehmen ab, die von ihren Vertreter:innen als eine umfassende Querschnittsaufgabe definiert wird, die beim ‚Personal' anfängt und

[11] Vgl. auch Helmut Klages, Verwaltungsmodernisierung. „Harte" und „weiche" Aspekte, 3. Auflage, Speyer 1999, 3.

[12] Jörg Sieger/Thomas Maier, Die ‚Bio-Deutschen' fit machen in Sachen Integration, in: news. Caritasmitteilungen 2018, Heft 2, 28–30, hier 29.

beim hierarchischen und arbeitsteiligen Stellensystem, das die Zuständigkeiten und Verantwortlichkeiten verteilt, noch nicht aufhört. Mit dem Ausdruck ‚Personal' sind die Persönlichkeitsmerkmale derer gemeint, die eine Stelle jeweils besetzt halten, ihre biographisch und durch Ausbildung bedingten kognitiven Strukturen, ihr Komplexitätsniveau, Abstraktionsvermögen, Projektionsneigungen, Gruppenorientierungen, individuellen Präferenzen, fachlichen und sozialen Kommunikationspotenziale usw.[13] Dieser Check betrifft aber auch das ‚Programm' der Caritas. ‚Programm' zielt auf den Sinn und die Zwecke der Organisation sowie ihre Verfahrensweise bei der Leistungserbringung ab. In dieser Leistungserbringung wird gelingende Interaktion, d.h. in der Regel Kommunikation und Kooperation unter Anwesenden vorausgesetzt. Im folgenden Zitat, das die ‚Vielfalt' als adaptive Herausforderung der Caritas umschreibt, kommen alle drei Dimensionen (Personal, Organisation, Programm) zum Ausdruck: „Es beginnt damit, für diesen notwendigen Prozess überhaupt ein Bewusstsein zu schaffen. Das heißt wir müssen Dinge auf den Prüfstand stellen. Wie sind die Räumlichkeiten gestaltet? Sind sie einladend, auch für jemanden, der aus einem anderen kulturellen Zusammenhang kommt? Wie sind unsere Publikationen? Gibt es Dinge, die wir in verschiedenen Sprachen anbieten? Wie ist unser Web-Auftritt gestaltet? Sind wir für Menschen, die nicht muttersprachlich Deutsche sind, überhaupt verständlich? Welche Sprachkompetenzen haben wir im Haus?"[14]

[13] Vgl. Niklas Luhmann, Die Organisierbarkeit von Religionen und Kirchen, in: Jakobus Wössner (Hg.), Religion im Umbruch. Stuttgart 1972, 245–285, hier 278 f.

[14] Sieger/Maier, ‚Bio-Deutschen', 29.

Kapitel 1: Der Wert der Diversität

Ausdehnung von ‚Diversität'

Freilich wird in diesem Zitat weder die Dimension der Organisationskultur noch die gesamte Bandbreite des Diversitätsbegriffs erkennbar, dessen Inhalt sich in den letzten Jahren erheblich erweitert hat, nicht zuletzt um die Dimension der sexuellen Vielfalt. Inzwischen erfährt der Diversitätsbegriff aber eine Ausdehnung auch über diese - lange Zeit tabuisierte - Dimension hinaus. Es geht um „Abweichung und Differenz eines Menschen auf vielen Ebenen des Selbst (Religion, geschlechtliche Zuordnung beziehungsweise Orientierung, Leib und Krankheit, Aussehen, Alter, Verhalten), gespiegelt von der Folie eines nie genauer bezeichneten, aber immer vorausgesetzten ‚Normalzustands' des Menschseins."[15] So bringt bei der Suche nach einer Antwort auf die Frage, weshalb „sich so viele Menschen vor der Vielfalt" ängstigen, Michael H. F. Brock von der Stiftung Liebenau die Kategorie des Fremden ins Spiel und zählt auf: „Fremde Umgebung, fremde Menschen, fremdes Aussehen, fremdes Geschlecht, fremde Gewohnheiten, fremde Sprachen, fremde Vorstellungen von Gott und der Welt: Ich könnte noch eine ganze Seite füllen mit Fremdheiten ...". Daraufhin ergänzt er, „dass ja nicht nur die anderen anders sind, sondern dass ich mir bereits als Mensch schlechthin ein Fremder bin […] Die meisten erleben sich gesund, und das Kranksein macht uns selbst zu einem Fremden in uns selbst."[16]

Diversität und Fremdheit

Umwertung von ‚Diversität'

Im Diskurs um die ‚Vielfalt' in kirchlichen Sozialunternehmen lässt sich jedoch nicht nur eine Weitung, wenn

---

15 Michele Barricelli, Diversität und historisches Lernen. Eine besondere Zeitgeschichte, in: Aus Politik und Zeitgeschichte 68/2018, Hefte 38–39, 48–54, hier 48.

16 Michael H.F. Brock, Das Anderssein der anderen, in: Anstifter. Magazin der Stiftung Liebenau 2022, Heft 1, 8.

nicht Dehnung des Diversitätsbegriffs erkennen, sondern auch eine Umwertung. Damit kommt die normative Dimension der ,Organisationskultur' in den Blick. Wer von Diversität spricht, stellt Vielfalt oft nicht nur einfach fest, sondern verleiht ihr Nachdruck und „betont die Unterschiedlichkeit, das Verschiedene, das Abweichende und Divergierende, das uns als Menschen ausmacht".[17] Mitunter wird sogar dazu aufgefordert, dass sich Mitarbeitende kommunikations- und handlungspraktisch „in Vielfalt üben",[18] d.h. im Zuge einer solchen – offensichtlich grenzenlosen – Dehnung und Umwertung vollzieht sich eine wachsende Anerkennung von Vielfalt. Soziologisch gesehen, ist diese Entgrenzung des Konzepts freilich insofern riskant, als sie auch „das Abweichende" schlechthin einschließt.[19] Damit ist ein Spannungsfeld eröffnet, das wir auch in den Ergebnissen unserer Studie wiederfinden. Im Begriff der Diversität kann dann sogar ein Schlüsselwort des Selbstverständnisses caritativer Organisationen ,entdeckt' werden, wenn auch im Konjunktiv: „Wir könnten [!] sogar so weit gehen zu sagen, dass sie [Stiftung Liebenau] ein explizites Augenmerk gerade für die Diversität hat, denn sie bemüht sich insbesondere um jene, die ganz besonders divers sind. Ja, eigentlich existiert die Stiftung Liebenau allein deshalb, da gesellschaftlich jedes Abweichen von der Norm in geistiger oder körperlicher Hinsicht skeptisch beäugt und zuweilen gar abgewertet und sogar verachtet wird".[20]

In Vielfalt üben

Aufwertung von ,Diversität'

Von einer solchen normativen und visionären Identitätsbestimmung, die mit dem Lob der Diversität auch eine gesellschaftliche und innerkirchliche Kontrast-Identität – etwa gegen die massive kirchenoffizielle Stigma-

[17] Ohne Verfasser:in, Vielfalt macht den Unterschied, in: Anstifter. Magazin der Stiftung Liebenau 2022, Heft 1, 14–15, hier 15.

[18] Ohne Verfasser:in, Vielfalt, 15.

[19] Soziologisch gesehen ist mindestens die den Menschen auferlegte ,Abweichung' (wie Hautfarbe oder Behinderung) von der absichtlichen ,Abweichung' zu unterscheiden, die bis hin zur Delinquenz reichen kann; vgl. Peter L. Berger/Brigitte Berger, Wir und die Gesellschaft, Stuttgart 1974, 207.

[20] Ohne Verfasser:in, Vielfalt, 15.

tisierung der Homosexualität[21] – markieren kann, ist es nicht mehr weit, „Vielfalt als ‚ein Markenzeichen Gottes'"[22] zu postulieren, sie mithin zu divinisieren. „Als Spiegelbild der Liebe Gottes" sei die Identität der Caritas „eben nicht exklusiv, sondern inklusiv. Sie grenzt nicht aus und schon gar nicht Menschen, die aus unterschiedlichsten Gründen geschieden wiederverheiratet, die queer sind und in gleichgeschlechtlichen Partnerschaften leben oder sich sogar in Folge zum Beispiel von Missbrauchserfahrungen zum Austritt aus der Kirche gezwungen sehen".[23] In den Trends einer „Gesellschaft der Singularitäten", wie sie Andreas Reckwitz glaubt diagnostizieren zu können,[24] eröffnen sich damit Konvergenzpunkte. Es ließen sich darüber sogar strategische Gewinne erzielen, die dazu beizutragen, die Kirche aus ihrem Verhaftetsein in einer „Logik des Allgemeinen" zu lösen und sie in der „Logik des Besonderen" ankommen zu lassen, haben es doch kirchliche Einrichtungen der Wohlfahrtsproduktion nicht selten mit einer Klientel der „besonders Besonderen"[25] zu tun. Die kirchlichen Sozialunternehmen stehen in Konkurrenz zu den Profit-Organisationen, die – wenn auch mit Verzögerung in den deutschen (Familien-)Unternehmen – schon längst erkannt haben, dass sich mit ‚Diversität' auch kulturelles und ökonomisches Kapital vermehren lässt. Es wächst das Wissen darüber, „dass Menschen mit unterschiedlicher Herkunft und Erfahrungen zusammen robuste und innovative Ideen entwickeln können, von denen die Unternehmen langfristig profitierten. Auch hätten Unternehmen auf der Suche nach qualifiziertem Personal

Vielfalt als Markenzeichen Gottes

Diversität als Belohnung?

[21] S. Michael N. Ebertz, Entmachtung. 4 Thesen zu Gegenwart und Zukunft der Kirche, Ostfildern 2021, bes. 36 f. „Die katholische Kirche tut sich lehramtlich mit der Anerkennung geschlechtlicher Vielfalt noch schwerer als mit der kirchlichen Rolle der Frau. Die evangelische Kirche hat hier in den letzten Jahrzehnten einen langen Weg zurückgelegt", so Volker Beck, Wie divers ist die Kirche, in: Zeitschrift für Pastoraltheologie 37/2017, 209–216, hier: 213.

[22] Judith Bauer, Kirchliche Grundordnung. In der Grauzone, in: Caritas in NRW 2022, Heft 2, 24–25, hier 25; vgl. auch Bruno Schrage, Umsteuern: Vom Verbot zum Angebot, in: Neue Caritas 2022, H. 3, 13–17, hier 15.

[23] Schrage, Umsteuern, 14. – Freilich ist deutlich: „Eine Theologie der Diversität, die einer fragmentierten Gesellschaft Zusammenhalt und Sinnangebote bietet, müsste vielleicht erst noch formuliert oder zumindest stärker artikuliert werden. Sie könnte vom Schöpfungsbericht und der Gottesebenbildlichkeit des Menschen ausgehen und sich auf Paulus berufen", so Beck, Kirche, 215.

[24] Andreas Reckwitz, Die Logik des Besonderen dominiert überall. Ein Gespräch mit Claudia Keller, in Herder Korrespondenz 2018, 17–21; vgl. Ders., Die Gesellschaft der Singularitäten, Berlin 2017.

[25] Ohne Verfasser:in, Vielfalt, 15.

bessere Chancen, wenn sie als offen für Homosexuelle gelten. Diese Unternehmen seien profitabler, produktiver und an der Börse wertvoller".[26]

Verwirklichung von ‚Diversität'

Trotz aller Versuche, Diversität zu divinisieren, stellen sich in den ja durchaus irdischen Gefilden der organisierten Caritas allerdings diverse Herausforderungen im Blick auf Aspekte des Programms, des Personals, des Stellensystems und der Organisationskultur. So scheinen die vergangenen und gegenwärtigen Wirklichkeiten in den gelebten Einrichtungen kirchlicher Wohlfahrtsproduktion noch weit entfernt davon, den Postulaten einer solchen auf Diversität programmierten Caritas zu entsprechen. Es sei etwa „für viele kirchliche Angestellte [...] riskant, offen über die eigene Homosexualität zu sprechen,"[27] da ihre kirchenoffizielle Deutung eindeutig, aber innerkirchlich höchst umstritten ist.[28] Sie haben „die diskriminierende Seite des kirchlichen Arbeitsrechts erfahren", kennen „Menschen, denen gekündigt wurde, als sie eine gleichgeschlechtliche Ehe eingingen", und verspüren mit Blick auf ihre Arbeitsplatzsicherheit und Anerkennung „einen Rest an Unsicherheit".[29] Sind die Einrichtungen der Caritas Orte, an denen alle drei Arten der bekannten Diskriminierungsmatrix[30] erlebt werden? Jedenfalls weist dies darauf hin, dass es offensichtlich unterschiedliche „Vorstellungen über die Grenzen des

---

[26] Markus Frühauf, Diversität wird zum Erfolgsfaktor, in: FAZ vom 8. August 2020, 25. Allerdings zeigt der neueste ‚Diversitätsmonitor', dass Diversität in deutschen Unternehmen „mehr Lippenbekenntnis als Realität" ist; so Beyondgenderagenda (Hg.), German Diversity Monitor 2021, 3.

[27] Bauer, Grauzone, 24.

[28] Inzwischen distanzieren sich selbst katholische Bischöfe von der kirchenoffiziell gepflegten Homophobie, die, wissenssoziologisch gesehen, Element einer totalen Ideologie, d. h. eines kohärenten Gedankensystems einer gesellschaftlichen Gruppe ist. S. hierzu am Beispiel der kirchenoffiziellen Bekämpfung homosexueller Paarbeziehungen Michael N. Ebertz, Relativismus oder Relationismus? Wissenssoziologische Anmerkungen im Blick auf das kirchliche Feld der Ambiguität, in: Marlene Deibl/ Katharina Mairinger (Hg.), Eindeutig mehrdeutig. Ambiguitäten im Spannungsfeld von Gesellschaft, Wissenschaft und Religion, Wien 2022, 55–79.

[29] Bauer, Grauzone, 24, 25.

[30] Legt man die Diskriminierungsmatrix von Leah Carola Czollek/Gudrun Perko/Corinne Kaszner/Max Czollek, Praxishandbuch Social Justice und Diversity. Theorien, Training, Methoden, Übungen, 2. Auflage, Weinheim/ Basel 2019, 35, an: Die einen diskriminieren, „indem sie Diskriminierung bewusst ausüben, andere, indem sie sie unbewusst reproduzieren, wiederum andere, indem sie von Diskriminierung getroffen werden."

Erlaubten"[31] und dabei auch über die Reichweite der Zonen erlaubter Diversität gibt. Nicht alles ist möglich, wenn es den Kern der Selbstidentifikation des Systems betrifft. Dieser ist aber umstritten und umkämpft. Eine andere Herausforderung liegt in der Überwindung der Tatsache, „im Gelernten, Gewohnten gerne zuhause"[32] zu sein, wozu auch ganz bestimmte Klassifizierungsmuster gehören, die ‚Normalität' definieren: „Typisch ist das, was als normal gilt. Abweichung vom Typischen ist immer beunruhigend, weil sie das, was die Leute für Normalität halten, in Frage stellt."[33] Das Postulat, ‚Vielfalt einzuüben', bedeutet dann, den eingespielten Habitus[34] in den Feldern sozialer Dienstleistungen zu transformieren und somit an der Organisationskultur caritativer Einrichtungen zu arbeiten, die sich ja nicht einfach per Entscheidung modifizieren lässt. Der Ausdruck ‚Organisationskultur' kann, wie bei Luhmann[35], weit gefasst werden und umfasst über die Organisationsgeschichte hinaus auch die Art und Weise, wie man mit- und übereinander spricht (also auch Klatsch und Unterhaltung) – und worüber man spricht und nicht spricht. Herausfordernd ist zudem die Management-Aufgabe, „die Balance herstellen [zu] müssen zwischen Heterogenität einerseits und der Einheit der Organisation"[36] andererseits, wobei die Kriterien und Bedingungen von Integration keineswegs so klar und rational zu bestimmen sind, was letztlich eine Machtfrage ist, diese als verbindlich zu definieren. Auch aus soziologischer Perspektive ist daran zu erinnern, dass mit sozialer Vielfalt „nicht nur ein Gewinn an Optionen für die eigene Lebensführung, sondern auch ein Verlust an Selbstverständlichkeiten und Sicherheit verbunden" sein kann: „Das Spiel mit Optionen und die Sehnsucht nach Sicherheit – Pluralisierung der Lebensentwürfe und Fundamentalismus – sind die

[31] Berger/Berger, Gesellschaft, 207.

[32] Brock, Anderssein, 8.

[33] Berger/Berger, Gesellschaft, 208.

[34] Zum Begriff des Habitus insbesondere in der Pastoral s. Michael N. Ebertz/Janka-Stürner- Höld, Eingespielt – Ausgespielt! Vom notwendigen Wandel des Pastoralen Habitus in der Kirche, Ostfildern 2022.

[35] Niklas Luhmann, Organisation und Entscheidung, 2. Auflage, Wiesbaden 2006, 243.

[36] Editorial, 3.

strukturell angelegten Extreme plural strukturierter Gesellschaften. Diese Extreme in eine Balance zu bringen, den ,fragilen Pluralismus' durch rechtlich und institutionell abgesicherte Stützen lebensfähig zu machen, ist der Dauerauftrag plural strukturierter Gesellschaften."[37]

[37] Hans-Georg Soeffner, Religionen in pluralen Gesellschaften, in: Bernt Schnettler/Thorsten Szydlik/Helen Pach (Hg.), Religiöse Kommunikation und weltanschauliches Wissen, Wiesbaden 2020, 377–388, hier 383.

Kapitel 2: Auftrag und Methode

Auftrag

Die im Auftrag des Caritasverbandes der Erzdiözese Freiburg durchgeführte Studie berührt das Diversitätsthema auf allen vier bislang genannten Dimensionen der organisierten Caritas: Programm, Personal und Organisation und Organisationskultur. Sie hatte folgende Leitfrage: Worin liegen Stärken und Schwächen, Chancen und Risiken und notwendiger Unterstützungsbedarf für die Caritas bei ihrer Öffnung für ‚Diversität'? Wie beurteilen Mitarbeitende der Caritas die Offenheit ihrer Einrichtungen Personen gegenüber, denen (z. B. sexuelle, spirituelle und kulturelle) ‚Andersartigkeit' und ‚Fremdheit' zugeschrieben wird?

Somit gingen wir von zwei Konzepten von ‚Fremdheit' aus, „die zwar nicht voneinander unabhängig sind, aber auch nicht völlig konvergieren. Einmal wird als ‚fremd' beschrieben, was ‚anders' *ist* bzw. das dem Anders*sein* zugeschrieben wird. Die zweite Dimension bezieht sich auf unser Wissen vom anderen. Fremd ist dann, was uns unvertraut, unbekannt, neu und unerforscht vorkommt". Der Soziologe Alois Hahn schreibt weiter: „Stützt man sich auf diese zweite Dimension von Fremdheitserfahrungen, so wird sichtbar, dass *ein* Grund für den relativ großen Spielraum für die Definition, die jemanden zum Fremden macht, mit der Tatsache zusammenhängt, dass uns *alle* anderen Menschen (ja sogar wir uns selbst) nur in Grenzen vertraut sind. [...] Wir bleiben einander unverfügbar".[38]

Doch ist Alterität „zwar die notwendige, aber nicht die hinreichende Bedingung für die Erfahrung von Fremdheit", weil sie im Normalfall des Alltagslebens durch entsprechende Vorkehrungen, Konsensunterstellungen und Gemeinsamkeitsfiktionen „unbewusst gehalten" wird.[39]

---

[38] Alois Hahn, Die soziale Konstruktion des Fremden, in: Walter M. Sprondel (Hg.), Die Objektivität der Ordnungen und ihre kommunikative Konstruktion. Für Thomas Luckmann, Frankfurt 1994, 140–163, hier 142.

[39] Hahn, Konstruktion, 149.

Vielmehr ist ‚Fremdheit' eine Folge individueller oder/ und kollektiver Selektionen von Unterscheidungen, von Bewertungen und von Entscheidungen, d. h. es geht „bei der Entscheidung, andere als Fremde einzustufen, stets um eine Zuschreibung, die oft auch hätte anders ausfallen können" und zugleich mit „bestimmten Umständen" zusammenhängt.[40] Fremdheit ist nicht automatisch gegeben, und sie wird auch nicht einfach als Gegebenheit konstatiert. Sie ist das Ergebnis von Etikettierungen, die mit Unterscheidungen arbeiten, deren Urheber:innen die Unterscheidenden selbst sind: für sie sind diese Differenzen bedeutsam, sie sind an ihrer Aufrechterhaltung oder Einführung interessiert und sie haben die Macht, sie als relevant und legitim auch für andere (mittels Normierungen und Sanktionierungen) durchzusetzen.[41]

Solange für das ‚System' der verbandlichen Caritas als Basis ihrer Selbstidentifikation nicht nur die Zugehörigkeit zur katholischen Kirche, sondern auch die gesellschaftliche Marginalität des Katholizismus im protestantisch dominierten deutschen Nationalstaat des ausgehenden 19. Jahrhunderts Erfahrungshintergrund war, lag es lange Zeit - auch und gerade schon für den charismatischen Gründer des Deutschen Caritasverbands - nahe, zur Abgrenzung und Definition des caritativen ‚Wir' ein konfessionalistisches Merkmal auszuwählen, obwohl die Akteure der Caritas eine Fülle von Gemeinsamkeiten mit denjenigen anderer Wohlfahrtsorganisationen teilten.[42] Die Umstände der organisierten Caritas sind im Zuge ihrer Expansion im Rahmen des Ausbaus des Sozialstaats sowie einer weitgehenden gesellschaft-

---

40 Hahn, Konstruktion, 140.

41 Eine der zeitgeschichtlich folgenreichsten Unterscheidungen war zweifellos die Entmenschlichung von Juden und Jüdinnen; s. hierzu am Beispiel der Erinnerungen von Bürger:innen aus Breisach Michael N. Ebertz, Entgrenzung und Umdeutung einer Unterscheidung. Ein Vorwort in soziologischer Perspektive, in: Werner Nickolai/ Jürgen Sehrig/Michael N. Ebertz, Das Zusammenleben von Juden und Nichtjuden in der Zeit von 1933 bis 1940 in Breisach. Ein Projekt der Katholischen Fachhochschule Freiburg, Konstanz 2006, 3–16.

42 Vgl. Michael N. Ebertz, „Was steht ihr da und schaut zum Himmel ...?" Die Geburt der „Sozialkirche" aus dem Geist der Sozialpolitik, in: Karl Gabriel/Alois Herlth/Klaus Peter Strohmeier (Hg.), Modernität und Solidarität. Konsequenzen gesellschaftlicher Modernisierung. Für Franz-Xaver Kaufmann, Freiburg 1997, 229–249. Ders., „Die Bauleute sind wir". Zur Formierung der katholischen Wohlfahrtspflege in der Formationsphase des demokratischen Sozialstaats in Deutschland, in: Rauf Ceylan/Michael Kiefer (Hg.), Ökonomisierung und Säkularisierung – Konfessionelle Wohlfahrtspflege in Deutschland vor neuen Herausforderungen, Frankfurt 2016, 58–78.

lichen Entkonfessionalisierung und Entmachtung des Klerus über die Jahrzehnte hin bis heute völlig andere geworden, so dass konfessionalistische und damit verknüpfte Profilierungs- und Abgrenzungsmerkmale kaum mehr als plausible Bedeutungsinvestitionen aufrechterhalten werden können, zumal die Definition ‚des Katholischen' selbst innerhalb der Kirche kaum mehr konsensfähig ist.

Methode

In der vorliegenden Studie, Mitte 2020 in Auftrag gegeben, wurden mit oben skizzierter Fragestellung leitfadengestützte Gruppen- und Einzelinterviews geführt und inhaltsanalytisch ausgewertet. Bei diesem Methodenmix war ursprünglich geplant, 15 qualitative Interviews zu führen, darunter 3 Gruppeninterviews mit Dienstnehmenden in der Caritas, 2 Gruppeninterviews mit potenziellen Dienstnehmenden, 4 Einzelinterviews mit derzeit tätigen Dienstgebenden und 6 Einzelinterviews mit Klient:innen. Es ging somit nicht darum, generalisierungsfähige repräsentative Ergebnisse zu erzielen, sondern in einem dialogischen Verfahren ein gewisses Spektrum der Erfahrung der Beteiligten in der organisierten Caritas mit der Diversitätsthematik zu erkunden. Wie die meisten Methoden qualitativer Sozialforschung[43] hat die vorliegende Studie somit einen explorativen Charakter.

Aufgrund der sich seit 2020 entwickelnden Coronapandemie, andersartig gesetzter Schwerpunkte in den Einrichtungen in dieser Zeit und in Folge von Kontaktverboten wurde die Projektarchitektur in Absprache mit dem Auftraggeber der Situation angepasst: Weiterhin sind 15 qualitative Interviews geführt worden: 2 Gruppeninterviews mit jeweils sechs Studierenden der Katholischen Hochschule Freiburg (als potenzielle Mitarbeitende) und 13 Einzelinterviews mit derzeitigen Mitarbeitenden der

[43] Eine breite Übersicht geben Aglaja Przyborski/Monika Wohlrab-Sahr, Qualitative Sozialforschung. Ein Arbeitsbuch, München 2008; Renate Buber/Hartmut H. Holzmüller (Hg.), Qualitative Marktforschung. Konzepte – Methoden – Analysen, 2. Auflage, Wiesbaden 2009.

Caritas. Unter diesen Interviews befinden sich auch Einzelinterviews mit Führungskräften. Alle Interviews wurden online durchgeführt.

Einzelinterviews

Ursprünglich war eine Auswahl von Mitarbeitenden aus einer ,Vielfalt' der Aufgabenfelder intendiert. Aus den oben genannten Erschwernissen im Zusammenhang mit der Pandemieentwicklung musste dieses Spektrum auf Mitarbeitende aus den Bereichen der Beratung, der Pflege und der Verwaltung beschränkt werden: Darunter 7 Leitungskräfte und 6 Mitarbeitende, die keine Leitung innehaben. Zur Gewinnung der Interviewpartner:innen konnte dankenswerterweise auf die vom Auftraggeber zur Verfügung gestellten Adresslisten zurückgegriffen werden. Die Einzelinterviews waren narrativ und wurden leitfadengestützt durchgeführt, d.h. Themen waren durch die Interviewenden über das artikulierte Untersuchungsinteresse mehr oder weniger vorgegeben und wurden nacheinander aufgerufen. Im Zentrum stand dabei das Betriebswissen der Befragten. Dabei galt es „nicht nur Meinungen, Einschätzungen, Alltagstheorien und Stellungnahmen der befragten Personen abzufragen, sondern *Erzählungen* zu deren persönlichen, in ihrer Handlungspraxis fundierten Erfahrungen hervorzulocken".[44]

Gruppeninterviews

Bei den Gesprächen mit dem Auftraggeber wurden Bedingungen für die Zusammensetzung der Teilnehmenden an den leitfadengestützten Gruppeninterviews – in diesem Fall Studierende der Sozialen Arbeit an der Katholischen Hochschule in Freiburg – vereinbart. Grund für die Auswahl dieser Studierenden war, dass sie sich auf der Basis ihrer zukünftigen fachlichen Qualifikation vorstellen können, als Dienstnehmende der Caritas zu arbeiten. Tatsächlich stellte sich in den Interviews heraus,

[44] Arnd-Michael Nohl, Interview und Dokumentarische Methode. Anleitungen für die Forschungspraxis, 5. Auflage, Wiesbaden 2017, 16.

dass es sich – über dieses Kriterium hinaus – um Personen handelte, die trotz ihres jungen Lebensalters bereits auf der Seite der Dienstnehmenden – z. B. während eines Praktikums – konkrete Arbeitserfahrungen in verschiedenen Einrichtungen der organisierten Caritas gesammelt hatten. An beiden Gruppendiskussionen nahmen jeweils sechs Personen teil, so dass sich die Gesamtzahl der Befragten auf 25 Teilnehmende beläuft. Ähnlich wie andere gruppenbasierte Methoden – etwa sogenannte ‚focus groups' – sind Gruppendiskussionen ergiebig, wenn die Teilnehmenden sich aus sogenannten ‚Realgruppen' zusammensetzen, das heißt aus sozialen Einheiten, deren Mitglieder sich persönlich kennen. Zur Förderung des Kommunikationsflusses in sogenannten ‚Milieugruppen' wird darauf geachtet, dass die Gruppen bezüglich sozioökonomischer und demografischer Merkmale relativ homogen besetzt sind.

Die Zusammensetzung der Teilnehmenden in den Gruppendiskussionen der vorliegenden Studie erfüllte sowohl die Merkmale von Real- als auch von Milieugruppen, war also relativ homogen. Dies hatte auch einen inhaltlichen Vorteil, finden doch Personen mit ähnlichem Hintergrund erfahrungsgemäß „schneller einen gemeinsamen Nenner, und Identifikations- bzw. Verbrüderungsprozesse stimulieren ehrlichere und offenherzigere Antworten"[45].

Die Methode des Gruppendiskussionsverfahrens ist ein dialogisches Erhebungsverfahren, bei dem entweder die Einzelmeinungen der am Gespräch Beteiligten oder die ‚Gruppenmeinung' bzw. die ‚Orientierungsmuster'[46] einer Gruppe Aufmerksamkeit finden können. Auch dient die Gruppendiskussion dazu, die Positionierungen der Teilnehmenden herauszufordern, sie mit denjenigen der anderen abzugleichen, sie zu modifizieren, zu korri-

---

45 Marlen Schulz/Birgit Mack/Ortwin Renn (Hg.), Fokusgruppen in der empirischen Sozialwissenschaft. Von der Konzeption bis zur Auswertung, Wiesbaden 2012, 14.

46 S. bes. Ralf Ralf Bohnsack/Aglaja Przyborski, Gruppendiskussionsverfahren und Focus Groups Bohnsack, Generation, Milieu und Geschlecht – Ergebnisse aus Gruppendiskussionen mit Jugendlichen, Opladen 1989.

gieren und zu profilieren. Dafür gibt es mehrfache Beispiele. So sagte etwa eine Teilnehmerin:

„Da möchte ich das auch gerade noch korrigieren, was ich vorhin gesagt habe, falls es so rüberkam, als würde ich jetzt Caritas von vornherein ausschließen."

Die Interviewenden achteten auf beide Aspekte, die additiven und die integralen, insbesondere dann, wenn gegensätzliche Erfahrungen zur Sprache kamen. Obwohl leitfadengestützt wie die Einzelinterviews, gingen die Interviewer:innen non-direktiv vor, d. h. sie hielten sich bei der Themengenerierung zurück und ließen den Teilnehmenden Spielraum, ihre Themen und Themenschwerpunkte selbst zu setzen. Die Interviewer:innen orientierten sich an folgenden Prinzipien:

1. Die gesamte Gruppe ist Adressatin der Befragung.
2. Themen werden nicht direktiv vorgegeben, sondern vorgeschlagen.
3. Die Fragestellungen sind bewusst und demonstrativ vage gehalten.
4. In die Verteilung der Redebeiträge wird nicht eingegriffen.
5. Immanentes Nachfragen, d.h. auf ein bereits gegebenes Thema, hat Priorität.
6. Es wird um detailliertere Darstellung gebeten. [47]

Inhaltsanalyse

Die inhaltsanalytische Auswertung erfolgte, software-gestützt, nach den üblichen professionellen Standards.[48] Auch hierbei handelt es sich nicht um eine quantitative Vorgehensweise, sondern um eine qualitative, hermeneutisch vorgehende, induktive Form des Auswertungsverfahrens, die sowohl für Einzelinterviews als auch für Gruppeninterviews zum Einsatz kommt und auch in unseren zahlreichen eigenen Studien schon mehrfach

[47] Ralf Bohnsack/Aglaja Przyborski, Gruppendiskussionsverfahren und Focus Groups, in: Renate Buber/Hartmut H. Holzmüller (Hg.), Qualitative Marktforschung. Konzepte – Methoden – Analysen, 2. Auflage, Wiesbaden 2009, 499 ff.

[48] S. insbesondere Udo Kuckartz, Qualitative Inhaltsanalyse. Methoden, Praxis, Computerunterstützung, 4. Auflage, Weinheim 2018.

erprobt wurde. Die Inhaltsanalyse beruht auf einem wortwörtlichen Transkript der gesprochenen Aussagen, von denen temporäre Audiodateien erstellt wurden. Die Auswertung zielt auf die Inhaltsebene und dabei auf die Identifikation zentraler Themen im Kontext der in dieser Studie z. B. erzählten Diversitätserfahrungen und auf deren Bewertungen[49] ab. Neben Erzählungen stießen wir dabei auf weitere – manchmal miteinander verschachtelte – Textsorten wie Beschreibungen, Argumentationen und Bewertungen, in die die Themen eingebettet wurden. Bei der Auswertung wurden die Themen induktiv aus dem erhobenen Interviewmaterial und nicht deduktiv aus einer Theorie gewonnen, einer – nahe am Textmaterial orientierten – ‚formulierenden Interpretation' unterzogen und – im Rahmen einer ‚reflektierenden Interpretation[50] – mit sozialtheoretischen Ansätzen verknüpft. Dabei handelte es sich z. B. um systemtheoretische Konzepte, generationssoziologische Konzepte und um die von Alois Hahn entworfene soziologische Theorie der Fremdheit und Alterität.

Diversität ist Gegenstand von Bewertungen

Im Folgenden stellen wir die Befunde in Thesen dar, die wir auf formulierende (eher deskriptive) und reflektierende (eher theoretische) Weise interpretieren.

Um die Thesen rasch finden zu können, sind sie mit diesem Symbol gekennzeichnet.

Die Thesen sind im Folgenden mit sogenannten Ankerbeispielen belegt Diese geben in Form von Zitaten konkrete Textstellen aus den Transkripten der Interviews wieder (in Klammern), wobei darauf geachtet wurde, dass diese nicht in Bezug zueinander gesetzt und in Folge als Ganzes auf konkrete Einzelpersonen zurückgeführt werden können. Sie werden als Musterbeispiele für die

---

49 Gruppendiskussionen können sich grundsätzlich – mittels Gesprächs- und Sequenzanalysen – auch auf die Beziehungsebene und -dynamik sowie auf den Prozess der Verknüpfung der Rede-Akte in der Meinungsbildung beziehen, d. h. auf das „interpretative Aushandeln von Bedeutungen", so Bohnsack/Przyborski, Gruppendiskussionsverfahren und Focus Groups, 495.

50 Zu dieser Unterscheidung, die von uns modifiziert wird, s. Bohnsack/Przyborski, Gruppendiskussionsverfahren und Focus Groups, 501 ff.

jeweilige Kategorie oder These angeführt. Darunter finden sich auch Ankerbeispiele aus den Interviews mit den befragten Führungskräften. Deren Zitate haben wir aus Datenschutzgründen mit den Aussagen der anderen Befragten ‚gemischt', um etwaige Rückschlüsse auf Personen auszuschließen.

Kapitel 3: Ergebnisse

Konsens

Die Befragten sind einhellig der Meinung:

Diversität stellt ein zentrales und damit ubiquitäres, aber auch spannungsreiches Merkmal gegenwärtiger gesellschaftlicher Erfahrung dar:

„Ich würde jetzt mal ganz einfach sagen. Ich glaube gerade im Bezug zur Sozialen Arbeit, aber auch überall, ähm, begegnet einem Andersartigkeit von Lebenskonzepten und Lebenseinstellungen und sei es Glaube oder Einstellung oder familiärer Hintergrund. Und ich glaube, es ist überall der Fall, so. Wenn wir uns hier anschauen würden, was WER glaubt, was WER gerne macht, was WER hier, ähm, möchte im Leben, sind, glaube ich, viele verschiedene Vorstellungen und viele verschiedene Lebenspraktiken irgendwie da.“ (I1)

Von Diversität ist kein Daseinsbereich ausgenommen

Wie in der Beschreibung des vorgestellten Ankerbeispiels gehen die Befragten offensichtlich von einem Megatrend der gesellschaftlichen Generalisierung von ‚Alterität', von ‚Fremdheit' bzw. von Diversität aus, von dem kein Daseinsbereich ausgenommen ist (*„überall"*). Allerdings machen sie auch klar, dass es eine selektive Verteilung der Diversität, ihrer persönlichen Wahrnehmung, Erfahrung und Beurteilung, d.h. auch ihrer Akzeptanz gibt. Diese wird auch als eine Folge der gesellschaftlichen Problematisierung, professionellen Separierung und Bearbeitung bestimmter Bevölkerungsgruppen gesehen, wovon ein Befragter in einem biographischen Beispiel erzählt:

„[Früher | wars für mich nicht normal, mit behinderten Menschen zusammen zu arbeiten, weil ich dazu einfach keine Berührungspunkte hatte. Jetzt ist es für mich normal, also weil ich da Erfahrungen sammeln konnte, und ich glaub, darin liegt auch ein bissel so der Schlüssel […], um des vielleicht aufzubrechen. Wie geh ich damit um, wenn, ähm, was in mein Leben tritt, was meinen Ansichten nach nicht normal ist oder was für

mich unbekannt ist, wo wir ja dann wieder mit diesem Fremdheitsgedanken wären." (I2)

Diversität, so argumentieren die Befragten, ist auch Gegenstand von Bewertungen. Diese können habitualisiert und darüber ihrerseits zur Erfahrung von kognitiven Dissonanzen, Dauerreflexionen, aber auch Wertekonflikten führen:

„… ich finde ÜBERALL ist ja irgendwo immer wieder so ein Wertekonflikt da. Also man hat einen eigenen Wert beigebracht bekommen wie zum Beispiel der Glaube oder die Religion […]. Und, ähm, der wird ja immer wieder hinterfragt durch andere Personen und da ist es ja eigentlich, ja man hinterfragt ständig irgendwas oder geht damit um." (I3)

Geht Diversität auch mit „Fremdheit" einher?

Im Blick auf Organisationen gibt es unter den Befragten einen einfachen Konsens für ‚Diversität': *„Andersartigkeit"* und *„Vielfalt der Mitarbeiter:innen in allen Formen" (I4)*. Dabei setzen sie hinsichtlich der verbandlichen Caritas und anderer helfender Organisationen zunächst und schwerpunktmäßig den Akzent auf das Thema ‚Personal'. Faktisch wird allerdings auch die Diversität seitens der Klient:innen thematisiert. Zudem kommen Aspekte des spezifischen Programms der Caritas und ihrer Organisationsstruktur sowie ihrer Organisationskultur zur Sprache. Strittig ist die Frage, ob Diversität auch mit ‚Fremdheit' einhergeht.

Dimensionen

‚Diversität' wird nach Dimensionen unterschieden, von denen einige ganz besonders hervorgehoben werden, wenn es um die Einrichtungen der Caritas geht:

Religionszugehörigkeit, Generationen („Altersdiversität"), „Migrationshintergrund", aber auch Unterscheidungen nach „Behinderung/Nichtbehinderung" und ganz besonders nach „sexueller Orientierung" werden getroffen, auffälligerweise kaum die Gender-Dimension. Dabei stellt sich das Thema der sexuellen Diversität über weite Phasen als eigendynamischer Fokus der

Gruppeninterviews heraus. Auch in den Einzelinterviews wird die sexuelle Dimension unseres Themas angesprochen, wie im folgenden Ankerbeispiel, in dem Beschreibung und Argumentation verschachtelt sind:

„Bei uns kann jeder sein, wie er ist, das macht doch auch die Caritas aus oder, die Vielfalt. Da ist es, ähm, egal, ob dunkel, hell, Frau, Mann, geschieden oder verheiratet. Ich weiß, offiziell darf das nicht sein, aber, aber, also, bei uns kräht da kein Hahn nach. Das ist bei uns so, aber auch in den anderen Häusern unseres Caritasverbandes." (I4)

Nur am Rande klingen in diesem Ankerbeispiel bereits organisationskulturelle Aspekte an, nämlich die Diskrepanz zwischen der normativen Ordnung (*„offiziell"*) und der faktischen Verhaltensstruktur der Einrichtung und ob man in ihr überhaupt über Diversität spricht und wie (dazu später).

Wenn bereits in den bisher genannten Ankerbeispielen mehrere Dimensionen von Diversität unterschieden werden, ist zu betonen, dass diese Unterscheidung nicht in jedem Interview vorgenommen und es nicht in jeder Äußerung des Interviewgeschehens deutlich wird, auf welche Dimension von Diversität sie sich bezieht. Aus ihren gesellschaftlichen und in ihren organisationsbezogenen Erfahrungen auch in Einrichtungen der Caritas heben die Befragten im Verlauf der Interviews insbesondere die folgenden Dimensionen von Diversität hervor:

Die Dimension der Lebensführung

Art der Lebensführung soll nicht zur Diskussion stehen

Darunter verstehen wir mit den Befragten Lebenseinstellungen, Lebensziele, Lebenskonzepte und Lebenspraktiken, die sie als individuell und letztlich privat qualifizieren und darin auch alles einschließen, was ihre (sexuelle) Leiblichkeit und Körperlichkeit betrifft. ‚Privat' heißt, dass es dabei um nicht- öffentliche, sprich nicht institutionell oder organisational - amtlich oder beruflich - angeordnete, nicht zur Diskussion zu stellende oder der Rechtfertigung gegenüber anderen bedürftige und auch vor der Wahrnehmung anderer zu schützende persönliche Sachverhalte geht. Zugleich ist den Interviews zu entnehmen, dass ,private' Sachverhalte des Personals caritativer Einrichtungen vielleicht gegenüber Klient:innen tabuisiert, selten aber vor Kolleg:innen geheim gehalten werden können. Manche Mitarbeitende verschließen intime Informationen, die sie möglicherweise angreifbar machen, nicht vor anderen, gehen mit ihnen sogar in die Offensive und lassen andere an z. B. ihrer sexuellen ,Diversität' teilhaben. So berichtet ein Befragter über einen Mitarbeiter, der einen Geschlechtswechsel angestrebt und vollzogen hat. Damit trat Transsexualität in einen Gegensatz zu den sonst selbstverständlichen und sogenannten naturalisierten Unterscheidungen des Alltagswissens über die „Zweipoligkeit der Geschlechterklassifikation"[51], die als am Körper bzw. der Kleidung eindeutig ablesbar und unveränderbar gilt. Die von uns befragte Person erzählte, dass sich der Betreffende – als diskreditierbarer – Mitarbeiter mit seinem Ringen um seine geschlechtliche Identität in der caritativen Einrichtung nicht nur toleriert, sondern anerkannt fühle und eine entsprechende (Nicht-) Kommunikation als Ausweis einer respektvollen Organisationskultur erfahren habe:

„Geschlechtervielfalt haben wir hier auch. Wir haben einen Mitarbeiter, der [...] sich als Frau umoperieren lassen wollte. (Mhm) Er ist von Anfang an sehr offen damit umgegangen und dann hat er gesagt, er braucht, also, er kann jetzt, weil Ziel war eigentlich: Ich möchte irgendwann eine Ausbildung machen. Aber ich muss mich erst in meinem Weg finden. Was möchte ich? Möchte ich Mann sein, möchte ich Frau sein? Es war also wirklich, er ist bis heute noch hier." (I5)

„Und dann haben wir nochmal jemand gehabt [...] Die war grad das andere. Die war eine Frau und wollte sich umswitchen als Mann. Also, wir haben hier schon so manches [...]: Ja ich bin eigentlich keine Frau, ich will ein Mann sein. Sie hat das eher offen angegangen. Das hat vielleicht auch der xy mitgeholfen zu sagen: Okay, die geht da vielleicht ganz anders damit um. Also, die zwei haben sich eigentlich gut gegenseitig gestützt." (I6)

---

[51] Regine Gildemeister, Doing gender: Soziale Praktiken der Geschlechterunterscheidung, in: Ruth Becker/Beate Kortendiek (Hg.), Handbuch Frauen- und Geschlechterforschung, Wiesbaden 2008, 137–145, hier 139.

Für den Mitarbeiter, so referiert die Befragte in der 1. Person, habe es zwar

„… lange gedauert, bis ich offen sein konnte. Aber als ich es war, es hat keiner zu mir gesagt: Ich kann dich überhaupt nicht verstehen. Keiner hat hinterm Rücken … Ich habe nie das Gefühl gehabt, es wird über mich geredet, und ich bin hier einfach zu Hause – mehr wie bei meinen Eltern und deswegen bin ich so gerne hier." (I7)

Auch in diesem Ankerbeispiel kommen, nebenbei gesagt, organisationskulturelle Aspekte zu Sprache: Aspekte der kommunikativen Organisationskultur.

Die religiöse Dimension

Subjektive Religiosität und rituelle Praxis sollen respektiert werden

Wenn die Befragten auf ihr Religionsverständnis zu sprechen kommen, denken sie primär an die ‚großen Religionen' (*„Wir haben hier alle, alle Religionen vertreten" (I8)*), deren Anhänger:innen und Praktiken. Sie haben aber auch die eigene subjektive Religiosität und rituelle Praxis im Blick, die sie respektiert haben wollen, auch wenn sie damit den kirchenoffiziellen Erwartungen nicht entsprechen (*„Ich bin jetzt nicht der typische Kirchgänger" (I8)*). Solche Aussagen erinnern an eines der zentralen Ergebnisse einer von uns durchgeführten repräsentativen Studie über die Vielfalt der spirituellen Orientierungen von Mitarbeitenden der Caritas.[52] Die Befragten machen auf die enorme religionsinterne Pluralisierung aufmerksam – Christ:innen wollen sich ebenso wenig wie Muslim:innen *„immer in einem Topf" (I9)* sehen. Auch die in dieser Dimension und in den folgenden Dimensionen von Diversität zu Tage tretenden Spannungen in caritativen Organisationen werden weiter unten zum Thema gemacht.

Die ethnische Dimension

Darunter verstehen wir mit den meisten Befragten die Diversität, die aus der Vielfalt von Bindungen entsteht, die sich aus der – mehr oder weniger kontingenten

52 Michael N. Ebertz/Lucia Segler, Spiritualitäten als Ressource für eine dienende Kirche. Die Würzburg-Studie, Würzburg 2016.

– Zugehörigkeit zu einer Volks- oder Menschengruppe aufgrund von Gemeinsamkeiten ihrer sozialgeographischen Herkunft, Geschichte, Wertorientierung, Sprache, Sitten und Bräuche ergibt, die sich etwa in der Art, sich zu geben, zu sprechen, zu essen, sich zu kleiden und zu gehen zeigt. In den Interviews wird die ethnische Dimension von der religiösen unterschieden. Einmal kommt es vor, dass – wie in der folgenden Beschreibung in wohl unbewusster Diskriminierung[53] deutlich wird – bzgl. der Ethnie von „*Rasse*" gesprochen wird:

„Religion gucken wir gar nicht. (Mhm) Überhaupt nicht. Also das, wir haben Türken, also auch da bei der Bewohnerschaft eher nicht gegen die Religion. Das habe ich jetzt hier noch nie. Eher gegen: Du bist ein Mann. Ich will dich nicht. Dann bist du vielleicht noch Türke, deswegen will ich dich, vielleicht doppelt nicht. Also eher rein Rasse, aber nicht Religion". (I8)

Die ethnische Diversität wird – auch von den von uns Befragten – oft und ganz pragmatisch an der Sprechfähigkeit bzw. daran festgemacht und bewertet, wie man spricht, welcher Mutter- bzw. Dialektsprache Menschen verhaftet sind und ob sie überhaupt – als Kolleg:innen und im Kontakt mit den Klient:innen – kommunikativ anschlussfähig und in der Lage sind, soziale Beziehungen zu knüpfen, d. h. soziales Kapital zu generieren. Eine defizitäre Sprechfähigkeit gilt – auch und gerade in den Kontexten sozialer Dienstleistungsberufe – als Indikator für die mangelhafte Verfügung über ökonomisches und kulturelles Kapital (Bildung) und kann oft mit einer professionellen und positionellen Fremdheit – fehlenden Abschlüssen – einhergehen und den Diversitätsstatus mindern: Jemand ist dann „*auch noch anderssprachig*" (I9) oder *nur* anderssprachig, wie der folgende Interviewauszug zeigt. An ihm lässt sich nicht nur die Bedeutung des Sprechens (und sein Zusammenhang mit dem Erwerb

Kommunikative Anschlussfähigkeit muss in aller Vielfalt gewährleistet sein

[53] Legt man die Diskriminierungsmatrix von Leah Carola Czollek/Gudrun Perko/Corinne Kaszner/Max Czollek, Praxishandbuch Social Justice und Diversity. Theorien, Training, Methoden, Übungen, 2. Auflage, Weinheim/Basel 2019, 35, an: Die einen diskriminieren, „indem sie Diskriminierung bewusst ausüben, andere, indem sie sie unbewusst reproduzieren, wiederum andere, indem sie von Diskriminierung getroffen werden."

kulturellen Kapitals) ablesen, sondern auch, dass Vielfalt in Organisationen nur begrenzt toleriert werden kann, wenn sie sich nicht um kommunikative Anschlussfähigkeit bemüht und insbesondere die interaktiven Arbeitsabläufe stört:

„Wir haben auch einen gehabt, der sehr schlecht Deutsch gesprochen hat. Dann ist man mal in der Pause so zusammengesessen, und dann habe ich schon gesagt: Ja, da musst du schon dran arbeiten. Weil, er hat überlegt, ob er die Ausbildung macht. Dann habe ich gesagt: Ja, aber, ja, deswegen, er hat sie abgebrochen, weil er mit der Sprache nicht klarkommt. Dann habe ich gesagt: Ja, jetzt denken Sie, wenn Sie hier weiterarbeiten, dass die Sprache von ganz allein kommt? Ha. Dann habe ich gesagt: Wissen Sie, an der Sprache muss man immer arbeiten. Immer. Dann sag ich: Ja, das müssen Sie sich halt, auch wenn Sie sich jetzt dazu entschieden haben, die Ausbildung abzubrechen, weil Sie sprachlich nicht da durchkommen, habe ich gesagt. Aber das heißt noch lange nicht, dass Sie in einem Jahr mit Nichtstun plötzlich sprachlich besser aufgestellt sind. Dann habe ich gesagt: Also Sie müssen trotzdem an Ihrer Sprache arbeiten, weil sonst haben Sie in einem Jahr das gleiche Problem. Und dann haben die anderen noch gesagt: Ja, wir sagen es auch immer wieder zu ihm." (I10)

Die positionelle Dimension

Diese – in unserer funktional differenzierten Gesellschaft nicht unbedeutende – Dimension von Diversitätserfahrung wird in einigen unserer Interviews zum Thema gemacht, und zwar auf sehr ausführliche und dramatische Weise. Der Mitarbeitende im ersten Interview erzählt von seinem biographischen Wechsel aus einer Wirtschaftsorganisation in die Nonprofit-Organisation der Caritas, wobei er eine massive Erfahrung von ‚Fremdheit' – im Sinne von ‚unvertraut, unbekannt und neu' – gemacht habe. Dabei spricht er insbesondere Momente der Organisationskultur an, darunter solche, die sich aus der Geschichte der Einrichtung speisen, aber auch die, welche die in der – für ihn – neuen Organisation typische Terminologie betreffen. Als ‚Neuling' bzw. ‚Fremder' – beide Begriffe werden verwendet – verstand er nicht, so erzählt er, worüber unter den anderen Anwesenden gesprochen wurde, er beherrschte nicht die Vokabeln und Phrasen, das überkommene Lexikon. Er fühlte sich dementsprechend mehrfach – kommunikativ und kognitiv – exkludiert, und in seinem Status als ‚Fremder' sah er sich nicht berechtigt, dies (durch eigenes Nachfragen) zu korrigieren. Zudem musste er erleben, dass seine Verbesserungsvorschläge, mit denen er – den Organisationsmitgliedern bekannte – Unzulänglichkeiten in die Kommunikation gehoben hat, um deren Änderung herbeizuführen, mit Verweis auf die Geschichte und die eingespielten Traditionen der Organisation abgewiesen wurden:

„Sie sitzen in einer Sitzung, dann werden Begriffe um sich geschmissen. Sie sitzen da und denken: Ich versteh hier nur Bahnhof. (Hm.) Und dann sind Sie aber der Fremde und der Neuling und denken: Ich kann ja jetzt nicht nachfragen. Dann hat es mir, glaub mein Chef, schon angemerkt, na, sagt er: ‚Sie wachsen da schon rein.' Dann sag ich: ‚Ja, aber das ist so müßig dazusitzen und ihr redet von …' Dann mach ich ‚n Vorschlag und sage, wir könnten doch mal des und des […] ‚Ja, des hatten wir vor 20 Jahren schon versucht. ' Dann denk ich: Ja, okay. Woher soll ich das wissen, dass man das vor 20 Jahren schon versucht hat? Also, das sind dann so Sachen, da tut man sich am Anfang schon schwer und es ist so." (I11)

‚Diversität' kann durch eine Organisation selbst erzeugt werden

‚Diversität' kann auch innerhalb einer Organisation durch die Organisation selbst erzeugt werden, wie eine andere Befragte eindrücklich darlegt:

„Die zweite Anstrengung habe ich dann erfahren, wenn Sie ein Jahr lang als Verwaltungskraft hier sitzen und dann plötzlich, es heißt, die Frau xy macht jetzt die Hausleitung (Mhm.), dann […] die Mitarbeiter, die, die, mit den meisten bist du per ‚Du' gewesen […]. Also ich habe da gar kein Problem damit. Aber die haben mich dann, die haben sich schwergetan, mich jetzt auch in einer anderen Position wahrzunehmen und mich, ja, dann musst du wieder anfangen mit dir, deine Position, deinen Respekt zu erkämpfen. Also startest du wieder neu, und dann habe ich irgendwann, nach anderthalb Jahren in der neuen Position, habe ich dann gesagt: Ich glaub, jetzt erst bin ich

wirklich angekommen [...]. Nebenher noch eine Weiterbildung, hier versuchen, als Person wahrgenommen zu werden, die du davor nicht warst. Das war schon so eine Hürde, die nicht so einfach war. Und hat sich dann aber irgendwann gegeben." (I12)

Hat der eine Befragte einen externen Stellen-, Status- und Rollenwechsel erlebt und dabei eine massive Fremdheitserfahrung gemacht, vollzog die andere Befragte einen internen Stellen-, Status- und Rollenwechsel, indem sie, *„ursprünglich so aus dem unteren Segment" (I13)* kommend, in eine Leitungsposition aufrückte. Sie habe sich *„schon fremd gefühlt am Anfang" (I14)* sagt sie und erzählt dabei zugleich davon, dass das Verhalten der Kolleg:innen noch mehr Fremdheitsgefühle in ihr verursacht habe.

Eine andere Führungskraft beschreibt die Karriere durch unterschiedliche berufliche Rollen in der Biografie als Chance, Andersartigkeiten, auch wenn sie subjektiv erlebt würden, besser im Blick halten und für damit zusammenhängende Befindlichkeiten mehr Mitgefühl entwickeln zu können:

„Ich war Krankenschwester, also auch mal weiter unten, ich mein, in der Hierarchie weiter unten, ich mein, in der Hierarchie. Ich weiß, was das bedeutet. Da spürt man Tag für Tag, also, das merkt man schon, dass es da anders zugeht bei den Ärzten, auch finanziell und so. Ja, und das macht was mit den Menschen. Geld spielt eine Rolle. Und wenn, dann, also wenn man dann unterschiedliches Geld bekommt. Das hilft mir heute als Führungskraft, da habe ich ein Auge drauf. Kann's ja, also, ich, ähm, ich kann's ja nicht ändern, aber ich habe Mitgefühl." (I14)

Gesellschaftliche Disparitäten

In den Interviews wird hervorgehoben, dass in der deutschen Gesellschaft sowohl in der Erfahrung mit Diversität als auch in der Akzeptanz und der Verteilung von Diversität Disparitäten erkennbar seien. Unterscheidbar seien Zonen und Grade stärkerer und geringerer Diversität: sozialräumlich, generational, organisational.

Sozialräumliche Disparitäten

Zum einen kommen in den Interviews unterschiedliche sozialräumliche Verdichtungsorte von Diversität zur Sprache. Als dichte Diversitätsräume werden insbesondere bestimmte Großstädte (eher Berlin als Freiburg) und Großstadtquartiere (z. B. Kreuzberg/Neukölln) genannt, in denen auch ein *„größeres Selbstverständnis von Diversität"* anzutreffen sei. Zum anderen wird deutlich gemacht, dass auch in kleineren (Groß-)Städten wie Freiburg und Offenburg die Akzeptanz von Diversität größer sei als im ländlichen Raum.

In Städten herrscht besondere Divesitätsdichte

„Wissen Sie, wir sind ja hier auf dem Land, da funktionieren die Menschen noch anders. Ähm, wie soll ich das sagen? Die sind einfach konservativer, das ist schon in Freiburg anders oder auch in Offenburg. Ja, das sind kleine Städte, aber immerhin, da sind die nicht mehr so katholisch wie hier. Das ist schlimmer, wenn sie hier nicht mit dem Strom schwimmen, als in Freiburg. Hier kennt sie jeder, da wird gequatscht, alles rumerzählt. Da haben wir auch in der Einrichtung mit zu kämpfen." (I15)

Akzeptanz oder Ablehnung von Diversität wird in diesem Zitat auch in einen engen Zusammenhang mit der konfessionellen Verteilung der Wohnbevölkerung gebracht. Zugleich wird das ‚Katholische' mit dem ‚Konservativen' und dem sozialräumlich generierten ‚Konformitätsdruck' semantisch zusammengedacht, was das Personal der verbandlichen Caritas als belastend (‚schlimm') und als Thema der Auseinandersetzung (*„kämpfen" (I15)*) erleben kann. Auch hierbei wird die kommunikative Dimension der Organisationskultur angesprochen: Je nach der konfessionellen Bevölkerungsstruktur, in die die caritativen Einrichtungen eingebettet sind, wird in ihnen *„gequatscht"* (I15) und *„rumerzählt"* (I15).

In den beiden zuletzt angeführten Zitaten kommt bereits die exkludierende Funktion der Verweigerung von Diversitätsakzeptanz zum Ausdruck: Wer, so die metaphorische Redewendung, ‚nicht mit dem Strom schwimmt', d.h. nicht die jeweiligen Klassifikationen und Typisierungen der Mehrheit teilt oder sich offensiv gegen sie stellt (‚gegen den Strom schwimmt'), profiliert sich als abweichend und muss dementsprechend mit Abwertung oder „*Ausschluss*" (I16) rechnen.

Zu bedenken ist aus soziologischer Sicht: Keine Interaktion kommt ohne Typisierungen und Klassifikationen aus. Alle Interaktionen basieren „auf Typisierung und Klassifikation. Klassifikationen sind in umfassendere Wissenssysteme und in eine Vielzahl institutioneller Arrangements eingelassen, über die Verhaltensregelmäßigkeiten und situativ angemessene Handlungsmuster zuverlässig erwartbar werden. ‚Geschlecht' stellt in diesem Kontext ein in hohem Maße komplexitätsreduzierendes Klassifikationsschema dar, mit dem wir die Welt ordnen und unser Gegenüber einordnen können. Bei der Kategorisierung von Personen kommt dieses Klassifikationsschema jedoch nicht einfach ‚zur Anwendung' – stattdessen aktualisieren die institutionellen Arrangements (z. B. Toiletten getrennt nach zwei Geschlechtern, als männlich oder weiblich differenzierbare Vornamen in den Pässen) und das Wissen um die damit verbundenen Verhaltens- und Handlungsmuster (z. B. Frauen rasieren sich die Beine, Männer nicht) *umgekehrt* permanent den Klassifikationsprozess."[54]

Keine Interaktion kommt ohne Typisierungen und Klassifikationen aus

Generationale Disparitäten

Die Erfahrung und Akzeptanz von Diversität verdichteten sich insbesondere in den jüngeren Generationen und seien dort zur Selbstverständlichkeit geworden sei, so die Interviewten:

Diversifizierung verdichtet sich in jüngerer Generation

„Heute kann man von den Menschen nicht mehr erwarten, dass sie eng denken, grad die, wie soll ich's sagen, Jungen, die sind uns ja manchmal echt 'nen Schritt voraus, also, ich mein, meinen Kindern brauchen Sie nicht mehr kommen mit Ausschluss und den Mann-Frau-Themen. Das ist nicht mehr die Frage für sie. Da sind wir irgendwie aus einer anderen Generation, also ich. Heute ist das normal." (I17)

[54] Gildemeister, Doing gender, 138.

Hinsichtlich der Akzeptanz von Diversität erleben die Befragten somit Unterschiede zwischen den Generationen der Mitarbeitenden. Jüngere seien aufgeschlossener (‚open-minded') als Ältere, an denen man eine gewisse habituelle Verschlossenheit (‚narrow-minded') ausmachen könne. Begreift man Generationen nicht nur als statistische Größe, sondern – im Sinne von Karl Mannheim[55] – als Erfahrungszusammenhang, lässt sich verstehen, weshalb die Akzeptanz von Diversität in den älteren Generationen der Mitarbeitenden etwas schwächer verankert ist als in den jüngeren. Der Begriff der ‚Generation' bezieht sich nicht auf eine Gruppe im soziologischen Sinne, sondern auf einen bloßen Zusammenhang von Individuen, die gemeinsam ‚Kinder ihrer Zeit sind' ohne sich – wie in einer Gruppe – persönlich zu kennen. Sie fühlen sich durch ein Erleben verbunden, ohne je eine konkrete Gemeinschaft gebildet zu haben oder auch nur in unmittelbare Interaktion getreten zu sein. Dieses Erleben verbindet, ohne dass es an einem Ort stattgefunden haben muss. Die Personen finden sich schicksalhaft in einer bestimmten Generationenlagerung vor, die sie nicht einfach wie eine Szene, Gruppe oder eine Organisation verlassen können. Eine bestimmte Generation hat z. B. – wie ihre Altersgenossen – in Kriegszeiten gelernt, ‚Freund und Feind' zu unterscheiden, sie hat auch gelernt, unter den Besatzungsmächten die Nachkriegszeit mit ihren Entbehrungen zu überleben oder sich an den wechselseitigen Abwertungen von Konfessionen und Religionen zu beteiligen. Es kann auch sein, dass die Personen einer Generation verbindet, dass sie als Jugendliche einen neuartigen – für andere ‚fremden' – Musikstil erlebt haben oder als ‚digital natives' – anders als Generationen vor ihr – mit dem Internet aufgewachsen sind. Wichtig für diese Definition von ‚Generation' ist: Aus der puren Generationen- ‚Lagerung' entsteht durch die Teilhabe an einem gemeinsamen historischen Schicksal ein ‚Generationenzusammenhang', obwohl sich die Einzelpersonen nie kennengelernt haben und auch weiterhin

[55] Karl Mannheim, Das Problem der Generationen, in: Wissenssoziologie. Hrsg. v. Kurt H. Wolff, Berlin/Neuwied 1964, 509–565.

wechselseitig nicht kennen. Somit eröffnet eine Generationenlagerung den Einzelpersonen nicht nur Möglichkeiten, sondern legt ihnen auch Beschränkungen auf. Die Differenz zwischen generationeller Lagerung (= gleicher Jahrgang) und Generationenzusammenhang (= ähnliche Erlebnisse) lag für Karl Mannheim in der kulturell verfassten Bewusstseins- bzw. Erlebnisschichtung, die es ermöglichen, dass Menschen verwandter Jahrgänge eine ähnliche Perspektive auf bestimmte Vorgänge und Ereignisse und eine dementsprechende Praxis ausbilden.

Weil jüngere Befragte die Erfahrung machen, dass ‚Vielfalt' in älteren Generationen immer noch problematisiert wird, zeigen sie sich auch empfindlich gegenüber gängigen Kategorisierungen, die dualistische Denkschemata wie ‚Wir und die Anderen' oder ‚normal – nicht normal' aktivieren und damit Abwertungen produzieren. Sie sehen generell ein *„Problem"* darin, *„dass vieles so in die Kategorie, ähm, in eine Kategorie geordnet wird"* (*I18*). Sie nehmen die Wirkmächtigkeit gesellschaftlicher Kategorisierungen oder Etikettierungen wahr und wissen, dass Sprache und Sprechen Wirklichkeit im Vorgang des Benennens schafft. Vorgänge des Benennens sind Mikroakte der Einsetzung dessen, was für legitim oder illegitim gehalten wird: So sei es!

Vorgänge des Benennens als Mikroakte der Einsetzung dessen, was für legitim und illegitim gehalten wird

Wörter leisten, so Pierre Bourdieu, einen Beitrag zur Konstruktion des Sozialen[56]. Indem ich Wörter benutze, wähle ich aus, nehme ich einen Akt der Benennung, ja der Ernennung vor, zumindest erhebe ich (mit anderen) Anspruch auf die Macht, „zu benennen und benennend die Welt zu gestalten: Klatsch, Verleumdung, üble Nachrede, Beleidigungen, Elogen, Anschuldigungen, Kritiken, Polemiken, Lobreden"; sie „entsprechen – nur eben in der kleinen Münze des Alltags – jenen feierlichen Kollektivakten des Ernennen, Feierns oder Verurteilens, die den allgemein anerkannten Autoritäten obliegen".[57] Wörter können, so die jüngeren Befragten, als symbolische Gewalt erfahren werden und die davon Erfassten

[56] Vgl.: Pierre Bourdieu, Was heißt sprechen? Die Ökonomie des sprachlichen Tausches, Wien 1990, 71.

[57] Pierre Bourdieu, Was heißt sprechen? Die Ökonomie des sprachlichen Tausches, Wien 1990, 71.

ohnmächtig und *„hilflos"* machen. Sie legen Personen einseitig auf bestimmte (negative) Eigenschaften oder Merkmale fest und beschädigen oder beeinträchtigen auf diese Weise die Wahrnehmung von individueller Vielfalt. Als Wahrnehmungsprogramme leisten sie der Ignoranz von individueller Vielfalt Vorschub, weil mit ihnen *„die Individualität ja komplett aus dem Kopf gestrichen" (I19)* wird:

„ ...das macht mich natürlich auf der einen Seite irgendwie, ähm, hilflos, weil für mich, ähm, ist eigentlich klar, dass jeder Mensch seine individuellen Seiten hat und voll häufig das durch Kategorien verloren geht und wir gar nicht mehr die Möglichkeit haben, denen nachzukommen und, ähm, wenn man halt gleich so Kategorien, ähm, ja, ich hätte gern irgendwie nen andern Begriff, aber ja, wenn man gleich so Schubladen, ähm, in Schubladen denkt, dann geht ja viel verloren, dann geht auch so diese Sicht, ähm, ja, dann wird es so eingefärbt: die sind anders als ich, so, ähm, das ist dann eher negativ konnotiert, ja." (I20)

„... dann sag ich mir, dass das definitiv keine Randgruppe ist, sondern die sind genauso in der Gesellschaft wie alle andern Menschen. Und, dass es auch da wichtig ist, dass alle gleich sind [...] nur, wenn ich sagen kann, das ist ein gesellschaftliches Problem, denn ich selber kann damit ganz anders umgehen, ähm, da eben seh ich, das seh ich als Fremdheit und Diversität oder Ausgrenzung oder sonstiges eigentlich immer am meisten gegeben." (I21)

Häufig werden die Begriffe ‚Fremdheit' und ‚Andersheit' synonym gesetzt, insbesondere seitens der älteren Befragten:

„Es gibt Menschen, die ich als anders erlebe, und bei denen spüre ich eine Fremdheit." (I22)

Jüngere Mitarbeitende bevorzugen den Begriff der „Andersheit"

Dagegen bevorzugen die Jüngeren eher den Begriff der Andersheit oder Andersartigkeit als den der Fremdheit. ‚Andersartigkeit' oder ‚Alterität' ist für sie positiv besetzt und ist nicht nur mit ihrem Lob der Vielfalt und der Valorisierung von Singularität höchst kompatibel, sondern sozial konstruktiv ausgerichtet, weil es das Denken in kommunikativen Anschlüssen und Ergänzungen eröffne. ‚Andersartigkeit' sei *„mit mehr Chancen verbunden"* *(I23)*, schließe mithin das Denken in Schwellen von Stärken und Schwächen nicht aus, aber *„Stärken und Schwächen kann man [...] miteinander verbinden"* *(I24)*. Der Begriff der Fremdheit dagegen setze, so zumindest die Befragten, statt Schwellen Grenzen, schließe aus, nicht ein, erzeuge Angst, weil er eine bewertende, wenn nicht abwertende und zugleich angsterregende Konnotation mit sich führe:

„Fremd ist für mich, ja, im Abgleich zu meiner Person, was ich selber nicht kenne oder wozu ich, ähm, was anders ist als das, was ich bisher erlebt habe." (I25)

„Anderssein ist für mich eine andere Kategorisierung als Fremdsein, geht aber in die gleiche Richtung, vielleicht mit einer kleineren Bewertung. Also anders bedeutet ja nur erstmal, dass eine Unterschiedlichkeit wahrgenommen werden kann." (I26)

„... dieses Wort ‚fremd', ich glaub, dieses Wort ist schon so mit unterbewusst mit, mit was Negativem behaftet, mit einem, mit einem Angstpotenzial, ähm, dass, dass viele Menschen gleich in ihrem Kopf irgendwelche Sachen oder Bilder kommen, vor denen sie Angst haben, was sie als fremd betiteln. Und ich glaube, Andersartigkeit ist eher wieder in diese Individualitätsschiene, hätte ich jetzt persönlich, oder sehe ich persönlich so, ähm, es ist ja nichts Schlimmes daran, dass jemand anders ist als ich, um Gottes Willen, des wär ja ‚das wär ja schlimm, wenn alle gleich wären (Lachen)." (I27)

Auch die Befragte mit den eigenen organisationsinternen Aufstiegserfahrungen berichtet davon, dass sie mit dem Wechsel in die Leitungsposition habe Exklusionserfahrungen machen und somit einen Verlust an sozialem Kapital hinnehmen müssen (*„wo ich raus bin, wo man mich nicht informiert"* *(I28)*), mit der sie sich zu arrangieren hatte (*„und das ist auch in Ordnung"* *(I28)*). Auch organisationsinterner Aufstieg und der damit einhergehende Gewinn an ökonomischem und symbolischem Kapital (‚Ehre') kann fremd machen, exkludieren und zu einem Verlust an sozialem Kapital führen, denn *„am Anfang hat's geschmerzt, da nicht mehr so dazuzugehören"* *(I28)*:

„Irgendwann habe ich auch, ich sag jetzt mal, rein vom Naturell her bin ich so ein Mensch, der eigentlich, ich hab's gern lieber, man mag mich. Diese Position erlaubt nicht immer, dass man dich immer nur mag. Also, und das musste ich dann für mich, das war meine härteste Lektion: Zu akzeptieren: Okay, das ist jetzt einfach so. Einem Team zugehörig bist du jetzt in diesem Moment nur noch bedingt. Also, weil du stehst einfach drüber, und die wollen dich da auch gar nicht im Team sehen. Die wollen dich da nicht, sondern du musst deine Position als Hausleitung einnehmen und bist dann somit aus dem Teamgefüge eher raus." (I28)

Organisationale Disparitäten

An den bislang entfalteten Beispielen wird deutlich, dass sich die gesellschaftliche und die organisationale Erfahrung von Diversität nur schwer voneinander trennen lassen. Dies lässt sich insovern verstehen, als die typischen Organisationen der Caritas ihr nicht nur generationell vielfältiges Personal, sondern auch ihre Klient:innen aus der Umwelt beziehen. Beide - Personal und Klient:innen - sind interaktiv aufeinander bezogen.

Organisationen werden auch von außen beurteilt, etwa als legitim oder illegitim oder als attraktiv oder abstoßend bewertet. Sie haben ein *„Erscheinungsbild"* (I38), werden also wie ein Bild betrachtet, was sich auch auf die Nachfrage nach Stellen und Plätzen bemerkbar machen kann.

Diversitätsgrad und Diversitätstoleranz spielen für die Bewertung von Organisationen eine Rolle

Organisationen werden auch nach ihrem Diversitätsgrad und nach ihrer Diversitätstoleranz bewertet. So würden sich zwischen den helfenden Organisationen aus der Sicht der Befragten deutliche Unterschiede in qualitativer und quantitativer Hinsicht ausmachen lassen, was den Grad von Diversität bzw. die Akzeptanz von Diversität angehe. Es gäbe helfende Organisationen, in denen im Personal, aber auch in den 'Programmen' (*„Angeboten" (I75)*), in den Adressat:innen und organisationsstrukturell wie -kulturell, d. h. in den Kommunikationen und Haltungen (*„Toleranz" (I111)*) ein höherer Grad an Diversität selbstverständlicher sei als in anderen. Dies wird durchaus als legitim angesehen, da in Deutschland häufig ja Freiheit herrsche, zwischen den unterschiedlichen Einrichtungsträgern auszuwählen:

„Ich glaube, ähm, ich glaube, dass es vielleicht schon auch wichtig ist, dass die christlichen Werte auch vertreten bleiben in Caritas, Kindergarten zum Beispiel, oder so. WEIL viele wollen das ja auch. Also, und das fände ich, es heißt ja auch Diversität, dass die, die den christlichen Glauben leben wollen, AUCH einen Zugang dafür bekommen. Ähm. Genau. Und jeder soll für sich entscheiden, ob das halt für ihn und für sein Kind so passt oder nicht. Und ich wäre jetzt persönlich auch total hin- und hergerissen, weil ich die Tradition auch SUPER schön finde. Fände ich auch voll toll, das zu leben. Oder, ob mein Kind jetzt vielleicht doch lieber in einen Waldkindergarten, weil, ich finde die NATUR so wahnsinnig wichtig (lacht) für mein Kind. Also, da wäre ich TOTAL hin- und hergerissen, also ich glaube, da würde ich wirklich auch hingehen und spüren, was es für Menschen sind. Eine Erzieherin an einem katholischen Kindergarten […] erzählt von anderen Erzieher:innen, die ähm, vielleicht NICHT (lacht) den Werten, die Werte so glauben oder leben, wie ich das für mein Kind haben wollen würde. Also das ist, da müsste ich echt erspüren, was da meinem Kind guttut." (I29)

Gesellschaftliche und organisationale Erfahrung von Diversität lassen sich kaum trennen

Die Einrichtungen der Caritas werden auch nach ihrem Diversitätsgrad und ihrer Diversitätstoleranz beurteilt, nicht zuletzt danach, ob und inwiefern sie dem gesellschaftlichen Diversitätsniveau entsprechen. So wird bestätigt und lobend beurteilt, dass, von wenigen Ausnahmen abgesehen, Einrichtungen der Caritas für Diversität offen seien, zumindest was ihr ‚Einfallstor' auf der Seite der Klient:innen angehe:

Die Einrichtungen der Caritas gehen sehr unterschiedlich mit Diversität um

„… ich habe KEINEN einzigen Fall erlebt, weder in der Obdachlosenhilfe, weder in der, ähm, Schuldnerberatung, wo jemand abgelehnt wurde, weil er Muslime, behindert, ähm, arm, reich, keine Ahnung was ist. Da hat jeder die Hilfe bekommen, die er oder sie gebraucht hat. Schwangerschaftsberatung das stimmt. Das sehe ich auch ein bisschen anders. Ähm. Weil da halt nicht alles gemacht werden DARF. Ob's dann gemacht wird, ist nochmal etwas anderes […] dass Leute, die Hilfe

brauchen, dass die nicht verweigert wird, das hab ich, hab ich jetzt einfach nicht, nie erlebt, bei keinem Fall." (I30)

An den zuletzt zitierten Ankerbeispielen ist zu erkennen, dass die Befragten wahrnehmen, dass Organisationen im allgemeinen, Wohlfahrtsorganisationen und Einrichtungen der Caritas im Besonderen unterschiedlich mit gesellschaftlicher Diversität gehen. Die Befragten scheinen über eine imaginäre Skala zu verfügen, die zwischen dem Pol der ‚Diversität' einerseits und dem der ‚Homogenität' andererseits, genauer gesagt: zwischen Akzeptanz und Missbilligung von Diversität aufgespannt ist, nach der sie Organisationen taxieren. Unterschiedliche Grade von Diversität bzw. Homogenität würden sich bereits an der Organisationskultur festmachen lassen, etwa daran, welche expliziten Unterscheidungen sie überhaupt treffen und welche impliziten Ausschlüsse oder Einschlüsse sie kommunizieren. Exklusivität im Sinne eines schwachen Grades an Diversitätsakzeptanz könne aber auch, so die Befragten, intern und informell vorhanden sein, obwohl man sie der Organisation von außen nicht zuschreibe. In nicht-kirchlichen Organisationen sei ein höherer Grad an Akzeptanz nicht automatisch gegeben, auch wenn dies häufig unterstellt werde:

„Ich finde noch einfach irgendwie interessant, dass, ähm, einen Träger, der vielleicht, ähm, ja nicht irgendwie staatlich verankert ist oder nicht kirchlich verankert, dass dann oft gleich von Weltoffenheit ausgegangen wird […]. Das, also, das finde ich einfach irgendwie eine interessante Beobachtung, weil man weiß es eigentlich gar nicht, aber wenn man die Homepages schon anschaut, ich mein, es könnten auch Nazis hinter den, hinter dem Vereinsvorstand stecken. Und keiner interessiert sich für die politische Orientierung, aber bei der Kirche ist es dann eher so, ahja, die sind wahrscheinlich nicht so weltoffen, was natürlich selbstverschuldet ist. Also, das will ich jetzt natürlich damit gar nicht sagen, aber ich finde es irgendwie interessant, dass das gleich so suggeriert wird." (I31)

Das Diversitätsimage der Caritas

Die Erfahrungen mit unterschiedlichen Einrichtungen der Caritas und ihr Image führen dazu, dass sie zu den Organisationen gerechnet werden, die eher zum homogenen bzw. exklusiven als zum inklusiven Pol der Diversität tendieren.

In einer sehr allgemein gehaltenen Aussage bringt dies das folgende Statement zum Ausdruck:

„Weil es tatsächlich bei mir die Sache ist, dass ich bei vielen Punkten einfach sehr kritisch eingestellt bin und dann das Gefühl hatte irgendwie, wenn ich es mir aussuchen KANN und das kann ich in dem Fall, ähm, möchte ich gerne bei einem Verein sein, der ein ähnliches Menschenbild, ein ähnliches Leitbild, eine ähnliche, ähnliche Sachen in der Agenda stehen hat, die ich irgendwie vertreten kann, und da hatte ich das Gefühl so ein, ich weiss es tatsächlich teilweise auch nicht genau, aber hab ich das Gefühl, dass beim Caritasverband teilweise Dinge vertreten werden, mit denen ich nicht mitgehen möchte." (I32)

Einrichtungsleitungen entscheiden, wie mit „Verschiedenheit" umgegangen wird

Allerdings müsse, so wird immer wieder betont, auch hierbei differenziert werden, denn *„Caritas ist ja auch nicht gleich Caritas"*:

„Nein, das ist nicht in allen Einrichtungen gleich, wir haben hier schon, also, hier arbeiten schon einige über 15 Jahre, naja, und, ähm, das ist hier 'nen Dorf, ne, da sieht das schon anders aus als in der Stadt. Da kann der Kollege, also, ich weiß von einem, der auch mal gern als Frau – wie heißt das – verkleidet ist nicht der richtige Ausdruck, ...aber Sie wissen schon: der mal gern Frauensachen trägt. Das kann der hier nicht, sagt er. Ist ja klar. Meine Freundin ist bei der Caritas in Berlin, da ist das gang und gäbe" (I33)

„Es kann sein, dass die Caritas hier in XY nicht so ist oder andersrum. Also das ist ja so ein bisschen auch wie mit den Sparkassen (lacht). Die eine Sparkasse ist nicht gleich die andere" (I34).

„Da sollte es mal eine Ansage von oben geben, aber da hat man Angst. Akzeptiert ist das ja noch nicht, da sind wir Kirche,

d.h., also, ähm, es ist echt abhängig von der Einrichtungsleitung, wie mit Verschiedenheit umgegangen wird." (I35)

Ähnlich wie im letzten Ankerbeispiel wird auch in den folgenden Zitaten die Diskrepanz zwischen der formellen und der informellen Seite im Image der Caritas beklagt. Dabei habe auf den Umgang mit Diversität vor allem die Einrichtungsleitung Einfluss, wie die Befragten erzählen.

Das Image der Caritas schillert in Sachen Diversität

Das Image der Caritas schillert in Sachen Diversität. Dabei wird der organisierten Caritas eine partielle Diversitätsoffenheit attestiert, nicht nur auf der Personal-, sondern auch auf der Klient:innenseite. Diese nehmen die Interviewten nicht zuletzt in der Migrations- bzw. Geflüchtetenarbeit wahr:

„...weil ich finde sie schon mal, also, sie sind weltoffener als andere Organisationen natürlich. Und ich finde, dass man nicht verkennen darf, dass die Caritas sehr, sehr, sehr, sehr viel in der Geflüchtetenhilfe getan hat. Also zumindest habe ich das so wahrgenommen während meinem Bundesfreiwilligendienst". (I36)

„... und da auch SEHR viele kompetente Mitarbeitende am Start waren, die sich, ja, die sich ganz doll für neue Menschen in unserem Land eingesetzt haben ...". (I37)

Das Urteil über die Diversitätsoffenheit der organisierten Caritas fällt somit – je nach Bezugnahme auf die Dimension von Diversität – nicht eindeutig aus. Die Befragten geben zu bedenken, dass die Position der organisierten Caritas als Teil der römisch-katholischen Kirche im gesellschaftlichen Raum selbst trotz der von ihr proklamierten Diversität als fremd – eher als Grenze, denn als Schwelle – erfahren werde:

„Also, ich find oder ich glaub, es kommt auch ganz arg drauf an, was in dem Fall jetzt die Caritas nach außen her, ähm, für ein Erscheinungsbild hat oder wie sie sich zeigt, weil ich glaub, ich glaub [...] wir sind für Menschen, die, möcht nicht sagen, uns brauchen, aber für die wir ja da sind, sind wir ja andersherum auch fremd. Also es gibt bestimmt viele, die wahnsinnige Hemmungen haben, ähm, sich in irgendeiner Weise an die

Caritas zu wenden, wenn sie sie brauch, brauchen oder Hilfe in Anspruch, ähm, nehmen müssen, ähm, ich glaub, ich spreche jetzt da mal so von der Kirche im Allgemeinen: ich glaub, für GANZ viele, nicht nur für die, die die Caritas bräuchten in Anführungszeichen, ähm, sind wir fremd, weil sie mit uns viel nicht mehr, nicht mehr anfangen können." (I38)

Die Befragten bezeugen diese der kirchlichen Caritas unterstellte Fremdheitswirkung mit ihren eigenen Erfahrungen, die sie gemacht haben, wenn sie im Verlauf eines Gespräches mit Gleichaltrigen zu erkennen geben, dass sie einen *„kirchlichen Beruf"* haben oder anstreben:

Dann „wird erst mal zurückgezuckt und, ähm, ich weiß nicht, also ich glaub, viele finden die Ansichten und die Methoden oder was man versucht, ähm, zu vertreten zu altmodisch, zu altbacken, nicht mehr gesellschaftskonform." (I39)

In der Studie war festzustellen, dass potenzielle Dienstnehmende die Websites der Caritas nutzen, um sich umfangreich über ihren ebenfalls potenziellen Dienstgeber zu informieren. Auch dieser Teil der ‚Außenbühne' sei für sie Material, die Diversitätsoffenheit der Caritas ihrem kritischen Blick zu unterziehen:

„Na, in dem Fall beispielsweise genau zum Thema Diversität ist es das Ding, dass ich das Gefühl habe, irgendwie ja, es wird da nicht genug gemacht von seiten der Caritas. Dass ich das Gefühl habe, die Caritas IST der größte Arbeitgeber europaweit […]. Und dann zu sehen, dass TROTZDEM letztendlich die Menschen, die da arbeiten, zum Großteil in Führungspositionen MÄNNER sind, zum Großteil weiß sind, zum Großteil heterosexuell sind und, ähm, ich zum Beispiel, ähm, nicht heterosexuell bin und in einer, ähm, wenn ich auf die Homepage der Caritas gehe, irgendwie fünf Sachen finde, die EXTREM für mein Empfinden jetzt nicht NUR homophob sind, aber auf jeden Fall eine gewisse Feindlichkeit oder Ablehnung ausdrücken, und ich dann das Gefühl habe: […] da muss ich nicht hin". (I40)

Potenzielle Dienstnehmende nutzen die Website als Infoportal über Diversitätsoffenheit

„Wenn ich jetzt auf die Homepage gehe von der Caritas, finde ich zu viele, zu viele dieser Dinge, die ausschließend sind […]. Ich sage, es gibt extrem viele Mitarbeiterinnen und

Mitarbeiter, die super, super offen sind, super unvoreingenommen, davon gehe ich aus. Aber ich will auch einfach ganz klar diese Repräsentation irgendwie auf einer gewissen Weise irgendwie anders haben." (I41)

Dabei scheinen die Befragten das Image der Diversitätsoffenheit der kirchlichen Caritas insbesondere am Umgang mit der Unterschiedlichkeit der Sexualität, aber auch an den präferierten Familienkonzepten festzumachen. Aber nicht nur daran. Auch im Blick auf Menschen mit körperlichen und anderen Einschränkungen oder im Blick auf Menschen, die aus der Kirche ausgetreten sind, aber sich (noch) mit dem Christentum verbunden wissen, wird in den Interviews die Offenheit der Caritas bezweifelt :

„Ich fand des wahnsinnig, weil, wer kann schon von sich behaupten, dass er eine eigene Kirche in seinem Grundstück drinstehen hat, und als ich gefragt hatte, wie oft des, die Räumlichkeit denn dann genutzt wird als solche.... Weil man muss sich ja, da ist mir dann auch bewusst worden, mit der Arbeit mit solchen Menschen, dass zum Beispiel unsre normalen Gottesdienste überhaupt nicht auf Menschen, die NICHT normal sind, da sind wir nämlich wieder beim Thema, und zum Beispiel irgendwelche Handicaps mit sich bringen, überhaupt nicht [...] ausgelegt ist. Also ich hätte es nicht vorstellen können oder des des wär nicht möglich gewesen, dass wenn ich gesagt hätte: ok, ich nehm jetzt unsre acht Kinder [Kinder mit Behinderungen] von der, ähm, von der Tagesklinik mit unsren Betreuern an einem Sonntag mit in den normalen Gottesdienst. Weil die Kinder können nicht lang still sitzen zum Beispiel, ähm, die müssen sich, wenn sie was nicht verstehen, äußern, oder verstecken sich, wenn's ihnen irgendwie, ähm, irgendwas komisch vorkommt [...]. Des wär nicht möglich gewesen, weil in der Kirche hat man die Tradition, man sitzt anderthalb Stunden drin, betet und ist ruhig, würd ich sagen". (I42)

Wenn also „mein Papa aus der Kirche ausgetreten" ist, „dann würde ich ihn niemals in ein kirchliches ALTERSHEIM stecken. Das ist so ja, ähm, ja (lacht), keine Ahnung, wie die sich dann an ihm, wie sie mit ihm umgehen würden. Das ist mir zu unsicher." (I43)

Dem Image der Caritas haftet auch an, ihre sozialen Einrichtungen als Vorposten kirchlicher Missionierung zu nutzen, auf *„subtile"* Art und Weise die religiöse Autonomie der Beteiligten zu missachten und den diversen religiösen Festkalendern und damit der religiösen Vielfalt der Klient:innen keinen Raum zu lassen:

Image: Caritas nutze Einrichtungen als Vorposten kirchlicher Missionierung

Als potenzielle:r Klient:in „würde ich mir auf jeden Fall die Einrichtung angucken und irgendwie mit Leuten sprechen, die dort arbeiten, um so ein bisschen, eben ich unterstelle nicht allen, die in der Caritas arbeiten, dass die ihren Glauben beispielsweise irgendwie an ihre Klientel weitergeben möchten oder so irgendwie subtil irgendwie verbreiten". (I44)

„Ich gehe davon aus, dass zum Beispiel Feste wie Schabbat und Zuckerfest nicht in einer caritativen Einrichtung gefeiert werden. Und ich glaube, daher würde ich zum Beispiel sagen, okay, ich gehe davon aus, dass in einem beispielsweise städtischen Kindergarten irgendwie vielleicht ALLES gefeiert wird." (I45)

Aus der Sicht der meisten der von uns Befragten schließt eine religiöse Profilierung keinesfalls Diversitätsakzeptanz aus. Sie sehen darin keine Relativierung, gar Abwertung des Eigenen:

„Ich finde es schön, wenn die Kinder, ähm, die christlichen Feste kennen, weil da auch ein Feiertag in den Gesetzen ist. Das heißt deshalb nicht, dass nicht Schabbat gefeiert werden darf und dass kein Zuckerfest gefeiert werden darf. Das finde ich bereichernd, wenn es das auch gibt. Aber ich finde es schön, wenn die christlichen Feste im Kindergarten, weil die sind verankert und wenn das den Kindern auch vermittelt wird, das finde ICH PERSÖNLICH schon schön. Und deshalb würde ich das in Anspruch nehmen." (I46)

Religiöse Profilierung muss Diversität nicht ausschließen

Das eher enge Diversitätsimage der Caritas zeigt auch insofern Wirkung, als es als Risiko eines „Totalzugriffs auf Mitarbeitende"[58] gesehen wird, dem man sich nicht aussetzen möchte. In einem Gruppeninterview mit potenziellen Arbeitnehmenden wird angesprochen, dass nicht nur bei den Mitarbeitenden Sorge bestehe, den

[58] Schrage, Umsteuern, 14.

Arbeitsplatz verlieren zu können, sondern auch Klient:innen Bedenken hätten, beschämt bzw. benachteiligt werden zu können:

„TN3: Ja, damit einhergehend zum Beispiel auch der Gedanke irgendwie zu denken, man muss dafür christlich sein oder am Ende, wenn ich meine Kinder in eine Einrichtung gebe, die einen kirchlichen Träger hat, ähm, dürfen die nicht muslimisch sein in einer gewissen Weise oder es wird denen genau dieses Anderssein zum Nachteil gemacht. Und ich glaube, da gibt es schon viele Ängste auch von Menschen, und das ist eine ziemlich große Bevölkerungsgruppe, würde ich sagen. Oder eben. Als Homosexuelle irgendwo hinzugehen, ähm, wo ich weiß, Grundeinstellungen können halt, also, eventuell kann ich da jemanden treffen, der irgendwie wirklich anti eingestellt ist. Da macht man genügend.

TN 4: Oder es für eine Sünde hält.

TN 3: Ja, oder man macht genügend andere Erfahrungen, die irgendwie negativ sind, (um?) sich dann in GENAU so einer Stelle, wo es um extrem verletzliche Themen auch oft geht, zum Beispiel irgendwie da auf jeden Fall dem aus dem Weg gehen will und dann von vornherein sagt: ‚Nee'. Das könnte sein, dass ich da auf jemanden stoße, der ähm, genau diese Meinung vertritt.

I: … Und dann sagen Sie, so verstehe ich Sie, dass Sie sagen, und dann gehe ich nicht noch an einen Ort, wo ich mit hoher Wahrscheinlichkeit davon ausgehen kann, dass da jemand eine andere Meinung hat.

TN 3: Oder zumindest die Gefahr besteht. Also so. Weil die Wahrscheinlichkeit ist, dass (ich) zum Beispiel einer Person gegenübersitze, die ähnliche Erfahrungen gemacht hat, vermutlich gleich null sein wird oder gleich SEHR niedrigem Prozentsatz, so." (I47)

Strukturelle Koppelung von röm.-kath. Kirche und Caritas für Diversität hinderlich?

Die tendenzielle Zuordnung zum exklusiven bzw. missbilligenden Pol im Umgang mit Diversität wird von den Befragten mit der strukturellen Koppelung der organisierten Caritas mit der Institution der römisch-katholischen Kirche erklärt. Diese Koppelung wird etwa in rechtlicher Form in den Loyalitätsobliegenheiten der

‚Grundordnung des kirchlichen Dienstes im Rahmen kirchlicher Arbeitsverhältnisse' gesehen, die in der europäischen Religionslandschaft ein deutsches Sonderrecht darstellt. Deren restriktive Relevanz kann von den befragten Mitarbeitenden aber auch, anders als *„von außen (I48)"* gesehen, als *„wahrscheinlich tatsächlich auch nicht so (I48)"* hoch relativiert werden, wie es im folgenden Ankerbeispiel der Fall ist:

„Naja, da sind wir schon AUF DEM WEG, also, auf dem guten Weg, uns wieder daran zu erinnern, um was geht es uns, also den Mensch im Mittelpunkt. Und das zweite ist, dass wir das, was wir als Loyalitätsobliegenheiten haben, also von außen wird das, also das wird von außen ja sehr als reglementierend wahrgenommen und als nicht offen. Ich kann das nur bedingt unterschreiben, weil ich es hier nicht so erlebe, aber um es, äh, um es nochmal, also: es ist ja wahrscheinlich tatsächlich auch nicht so, aber wir müssen daran arbeiten, dass diese Themen, der Loyalitätsobliegenheiten, überarbeitet werden, überdacht werden. Und da gibt es ja auch einen Weg, der schon beschritten wird." (I48)

Strukturelle Koppelung mit röm.-kath. Kirche muss Pluralität nicht ausschließen

Andere Befragte sehen mit der strukturellen Koppelung von Kirche und Caritas bereits auf der sprachlichen Ebene (*„Begrifflichkeiten" (I49)*) ein bestimmtes „Wahrnehmungsprogramm"[59] institutionell installiert, was auch die organisierte Caritas verpflichte und dementsprechende Exklusionstendenzen befördere:

„Ich glaube tatsächlich, ein Punkt bei mir ist auf jeden Fall, ähm, dass für mich Caritas und Katholische Kirche nach wie vor extrem miteinander verwoben sind. Und ich bei vielen Punkten der Katholischen Kirche einfach […] da irgendwie viele Kritikpunkte sehe und viel Diskriminierung und viel, ähm, auch Homofeindlichkeit, ähm, (…), das ist ausschlaggebend. Und ich glaube schon auch so allein die Begrifflichkeiten zu sagen, trotz, obwohl DU geschieden bist, obwohl DU homosexuell bist, obwohl DU, DARFST DU. So, das ist für mich schon so das Ding DU BIST ANDERS, DU BIST DRAUSSEN. Und auf einer gewissen Weise eben dieser Punkt zu

[59] Bourdieu, Ökonomie, 71.

sehen, okay, da werde ich eben nicht wie es NN zum Beispiel vorhin gesagt hat, da werde ich quasi darauf reduziert auf diesen einen Punkt, der anders ist in einer gewissen Art und Weise. Der dann irgendwie toleriert wird: WOW. Oder der, ähm, der eben ERLAUBT IST. Und ich möchte nicht wo sein, wo ich toleriert und erlaubt bin irgendwie so. Und das irgendwie aus einer gewissen Großzügigkeit heraus oder aus einer gewissen so dann, das ist quasi schon der Punkt, wo ich sag:, ‚Es muss nicht sein'. So, wenn es eine andere Möglichkeit gibt." (I49)

„Nach wie vor ist das Familienbild […], was NUR, ähm, Caritas betrifft, aber SEHR heteronormativ, und Lebensrealitäten sind einfach extrem viel diverser heutzutage. Oder schon immer gewesen, aber es wird lauter irgendwie. Und ich glaube, da müsste viel gemacht werden. Wie konkret, das ist nochmal eine andere Sachen. Das ist halt ein RIESEN LADEN. Wie die Katholische Kirche auch (lacht), ne?" (I50).

Diese tendenzielle Zuordnung zum exklusiven Pol im Umgang mit Diversität, die aus der strukturellen Koppelung der organisierten Caritas mit der Institution der römisch-katholischen Kirche resultiere, schließe nicht aus, so ein weiterer Befragter, in der Mitgliederorganisation dieser Kirche eine gewisse Pluralität und eine Diskrepanz zwischen der formalen und der informalen Organisation zu erkennen:

„Ich glaube, es ist wichtig, dass, ähm, wir uns auch nochmal sagen, so katholisch zu sein heißt ja nicht, dass man nicht welt-, oder, dass Mensch nicht weltoffen sein kann. Oder, ähm, divers sein kann. Und, also es gibt ja nicht nur DEN EINEN Katholiken oder DIE EINE Katholikin." (I51)

Allerdings wird die römisch-katholische Kirche noch etwas enger an den exklusiven Pol der Homogenität gerückt als ihre Caritas. Als Beispiel wird die exklusive männlich Anrede in Predigten genannt (*„Liebe Brüder" (I52)*), welche die - mehrheitlich - weiblichen Adressatinnen kommunikativ ausblende und diese damit durch Ignoranz und mangelnde Anerkennung *„verletzt" (I52)*:

„Also ich, ich weiß für mich, ich muss jetzt nicht unbedingt erwähnt werden, ich bin angesprochen. Aber, es geht ja nicht um mich, es geht um die Gesamtheit und es geht darum, dass SO VIELE sich nicht angesprochen fühlen und WIRKLICH verletzt SIND. Und das find ich ist, ähm, Solidarität, dass man auch darauf auch achtet, dass wirklich jeder Einzelne gehört wird. Und das ist zum Beispiel für mich ein christlicher WERT, der auch in der christlichen, katholischen Kirche zum Beispiel praktiziert werden sollte. Dass JEDER gehört werden sollte" (I52)

Was die potenziellen Mitarbeitenden angeht, wird darauf hingewiesen, dass die Einrichtungen der Caritas manchmal weder als ‚Caritas' noch als ‚kirchliche' bzw. ‚katholische' Organisationen wahrgenommen werden würden. Potenzielle Mitarbeitende suchten – ganz pragmatisch – einen Arbeitsplatz, das Kriterium der Trägerschaft der Einrichtung sei für sie nur von sekundärer Relevanz:

„Also manche wissen nicht, wenn sie zu uns kommen, dass wir Caritas sind und was das auch bedeutet, sag ich jetzt, und was das auch beinhaltet. Es gibt dann auch die Aufklärung, und aber dann, joa von dem her, finde ich das positiv. Also ich habe noch niemanden gehabt, der dann sagt: Ah, nee, dann will ich hier nicht arbeiten, wenn das jetzt so eine kirchliche Organisation ist oder so." (I53)

Es gibt organisationalen Abweichungstoleranzspielraum in der Caritas

Es wird auch angesprochen, dass die Caritas in Abgrenzung zur kirchlich offizialisierten Missbilligung von Diversität organisationalen Abweichungstoleranzspielraum habe und in ihren Einrichtungen zulasse, auf der informellen Ebene die Differenz zu den formellen (kirchlichen) Erwartungen der Organisation zu praktizieren. In den folgenden Ankerbeispielen, die beide demselben Interview entnommen sind, werden beide Aspekte miteinander verwoben, indem zugleich eine Differenz zwischen der verfassten Kirche und der ‚Sozialkirche' der verbandlichen Caritas markiert wird:

„Was anderes ist, wie KIRCHE mit Fremdsein umgeht, vor allem wenn es da, also, was die Loyalitätsobliegenheiten angeht. Ich glaube, dass wir da offener sind, aber geschlossener als

ich es gerne hätte oder auch denke, dass es zukunftsfähig wäre." (I54)

„Also, ich glaube, dass wir da, also, natürlich haben wir unsere Regularien, die, ähm, die leitend sind, ähm, ich glaube aber, dass die Caritas dadurch, dass sie als Grundprinzip ‚Not sehen und handeln' in den Mittelpunkt stellt, und den, den Dienst am Menschen, es uns die notwendige Unabhängigkeit erlaubt, zumindest, was unsere Außenwirkung gegenüber Klienten und Hilfesuchenden betrifft, da eine, äh, möglichst große Offenheit an den Tag zu legen. Ob das jetzt immer so ist, ähm. Das ist ja ein Wunsch, den ich da äußere (lacht) und den Sie da auch erkennen können, weil ich, ähm, weil ich an dieses Grundprinzip, den Dienst an den Menschen und den Menschen in den Mittelpunkt zu stellen, äh, sehr stark glaube. Und es ist ja auch nichts, äh, was man im Glauben, also, äh, im Christentum nicht wiederfinden würde, dass der Mensch im Mittelpunkt steht, äh, unabhängig davon, woher er kommt und wohin er geht und was er getan hat oder was er mitbringt." (I54)

Eine Leitungskraft einer Einrichtung der Caritas erzählt, für sie sei *religiöse* Diversität, die auch die ‚Grundordnung' rechtlich zulasse, schon so selbstverständlich, dass sie sogar sagen könne:

„Also das sind eher positive Erfahrungen, auch mit den Mitarbeitern, die jetzt, sagen wir jetzt mal, Muslime sind oder die der Freikirche angehören. Die akzeptieren unser Haus. Weil wir sind ja ein, sagen wir mal, Caritas, evangelisch, katholisch. Aber die akzeptieren das auch und tragen das auch mit. Auch die Religion der Bewohner, weil die meisten, sag ich jetzt, Bewohner sind bei uns schon evangelisch, katholisch " (I55)

Akzeptanz der Diversität von Klient:innen scheint selbstverständlich

Hinsichtlich der Klient:innen scheint die Akzeptanz von Diversität in den Einrichtungen der verbandlichen Caritas ohnehin selbstverständlich zu sein. Die religiöse Zugehörigkeit sei kein Selektionskriterium bei der Aufnahme von Klient:innen, allenfalls ein Orientierungskriterium, um sie organisationsintern den geistlichen Angeboten einer Einrichtung zuzuordnen und anschlussfähig zu machen. Eine solche Informationsgewinnung stehe nicht im formellen Vordergrund und werde eher aus der informellen Kommunikation geschöpft:

„Weil man eigentlich Bewohner nicht nachfragt, welche Glaubensrichtung sie jetzt haben. Egal, wen man jetzt aufnimmt, da spielt das keine Rolle (…) man frägt dann vielleicht bei einem oder so nach. Man muss ja dann auch wissen, ob sie dann mit mal in Gottesdienst gehen. Aber ansonsten ist das kein Kriterium von der Aufnahme oder so." (I56)

Die interkonfessionelle, ja transkonfessionelle Öffnung jedenfalls auf der Klient:innenseite scheint inzwischen zur fraglosen Normalität caritativer Einrichtungen zu zählen, die wenig Anstrengung erfordert. Der Umgang mit Klient:innen nicht-christlicher Religionen scheint dagegen herausfordernder (*„bemüht", „mittragen" (I57)*), setzt jedenfalls höhere Aufmerksamkeit voraus. Dabei zeigen sich auch Unsicherheiten auf der Ebene des religiösen Wissens, die schon bei bestimmten Bezeichnungen der anderen Religion beginnen, wenn etwa eine Mitarbeiterin nicht die Berufstitel der offiziellen Repräsentanten der muslimischen Gemeinschaften kennt:

„Ja, wir haben uns schon erkundigt, was da gemacht wird, weil jetzt, dass dann so ein Pfarrer, sag ich jetzt, von den Muslimen, wie heißen die? Die Prediger oder was auch immer. Und wir haben das da schon auch für den Bewohner, einfach, in seinem Glauben wollten wir ihn ein bisschen bestärken. Also, da haben wir uns dann schon auch bemüht, dass wir da so gut wie möglich ihn damit begleitet. Also jetzt nicht einfach sagen: Ja, sowas gibt's bei uns nicht, dass wir das dann schon auch mittragen." (I57)

Anerkennung von Diversität als „Zeichen der Zeit"

Im Blick auf andere Dimensionen von Diversität sind die Einrichtungen der verbandlichen Caritas im Urteil von Leitungskräften recht gut aufgestellt. Der Verband erkenne die wachsende Diversität als Zeichen der Zeit (*„Lauf der Zeit" (I58)*) an und reagiere darauf, auch aufgrund des Fachkräftemangels, wie die Befragte ergänzt. Sie ist offensichtlich mit der Diversitätspolitik des Verbandes weitgehend einverstanden, auch hinsichtlich der Dimension der sexuellen Vielfalt:

„Also soviel ich jetzt mitbekommen hab, denk ich, dass der Verband da auch nicht schlecht damit umgeht. Man hat ja auch mal so, ich hatte mal ein Gespräch, das ist auch schon eine

Weile her. Ich denk, da bemühen die sich auch, dass da die Diversitäten einfach mal erläutert werden, mal angenommen werden. Dass das einfach jetzt der Lauf der Zeit ist, dass solche Dinge vermehrt kommen, egal in welche Richtung jetzt." (I58)

„Sie können, glaub ich, in der heutigen Zeit nicht mehr nur sagen: Mann, Frau und sonst gibt's nix. Es gibt oder es gibt nur die nicht gleichgeschlechtliche Beziehungen. Ich denke, da kommen wir heute jetzt nicht mehr drum herum, um hier zu öffnen. (Mhm) Zu glauben, dass man sagt: Wir nehmen nur, wir nehmen nur Bewohner auf, die katholisch und evangelisch sind. Alles andere geht nicht" (I59)

„Ja, da sind wir schon auch aufgestellt, weil wir haben also auch gleichgeschlechtliche Paare, also jetzt nicht mehr hier bei uns. Der ist ins andere Haus abgewandert, aber ja, und einfach andere Religionen auch, jetzt nicht nur, sagen wir mal, die christlichen, evangelisch, katholisch, sondern auch Muslime, wir haben freikirchliche Mitarbeiter, also, die in der freien Kirche sind. (Mhm) Ja, da sind wir schon glaub, denk ich, dran." (I60)

Fremdheit überwinden – Vielfalt üben

„Bestimmte Kriterien halte ich für richtig und die sind ja auch wichtig: die Diskussion ist ja im Moment schon, sag ich jetzt mal, welche, ähm, die Diskussion im Moment, also in Bezug auf #outInChurch oder auch andere Themen ist ja nicht: was macht uns als Christ aus, sag ich jetzt mal. Die Themen sind, ja, die Themen sind ja eher, ähm, führen bestimmte, ist eine bestimmte Lebensführung für das Katholischsein verantwortlich? Und ich glaube das, und, ähm, da erlebe ich, dass wir uns, zumindest im Moment auf den Weg gemacht haben, die Dinge zu hinterfragen und zu überdenken. Und schon alleine das halte ich für zukunftsfähig, dass das jetzt angestoßen wurde." (I61)

Spannungen im Umgang mit Diversität in den Organisationen der Caritas

Nicht nur wegen der Verschachtelung der verbandlichen Caritas mit der römisch-katholischen Kirche sehen sich die Mitarbeitenden caritativer Einrichtungen mehr als in anderen Organisationen herausgefordert, ‚Vielfalt zu üben'.

Folgt man dem Vorschlag der jüngeren Befragten, heißt dies, in einem Lernprozess ‚Fremdheit zu überwinden' (vgl. I62) und in Alterität zu verwandeln. Dazu gehört, Erfahrungen mit Diversität zu sammeln und sich mit dem zuvor Fremden *„vertraut"* zu machen. Dazu gehört aber auch, das Stockwerksdenken (‚Wir, die Normalen') zu verlassen und – mit Levinas[60] gesagt – in das Antlitz des anderen Menschen zu schauen:

„... aus meiner Komfortzone raus, ich, ähm, begegne dem Menschen, ähm, auf Augenhöhe und, ja guck, was, was er mir zu erzählen hat, von seiner MIR fremden Welt. Und ja, daher wächst ja irgendwo auch eben die Erfahrung und es wächst dann eben, ähm, also es verringert ja dann irgendwie vielleicht auch Ängste, die ähm, dieser Fremdheit entgegenstehen." (I62)

Dieses Lernpostulat kann – auch in Organisationen der Caritas – weitaus weniger realisiert werden, wenn es nicht um die Einstellungen und Kommunikationen der Mitarbeitenden, sondern der Klient:innen geht, und zwar je älter diese sind. Gemeint sind ihre Beziehungen gegenüber dem Personal wie untereinander. Auf der Seite der Klient:innen muss Diversität nicht unbedingt als bereichernd erlebt werden, was aus einigen Interviews zu schlussfolgern ist. So wird etwa davon berichtet, dass Mitbewohnerinnen eines Pflegeheims einer *„dementen Bewohnerin"* (I63) das Leben schwer machten und sie

---

60 S. Emmanuel Levinas, Die Spur des Anderen. Untersuchungen zur Phänomenologie und Sozialphilosophie, 4. Auflage, Freiburg/München 1999; Silvia Richter, Anthropologische Grenzerfahrung: der Andere – Reflexionen zu und mit Emmanuel Levinas, in: Religionen unterwegs 27/2021, H. 3, 18–23.

„… noch gespürt [hat], dass die gegen sie sind. Dann haben wir sie auf einen anderen Wohnbereich umgezogen, weil das einfach nicht mehr schön war." (I63)

Unterschiede zwischen den Einrichtungsarten

Die Herausforderungen, mit Diversität umzugehen, sind je nach Hilfebereich unterschiedlich gelagert.

Dies macht das zuletzt genannte Ankerbeispiel deutlich: ‚Diversität' hat auch ein jeweils eigenes institutionelles Profil und sieht in den Einrichtungen etwa der Beratungsstellen wieder anders aus als in der Altenhilfe. Diese mannigfaltige Mischung und Verdichtung von Diversität generiert unterschiedliche Herausforderungen und kann sogar (wie im oben angespielten Fall) zu Überforderungen des Personals im Umgang mit den Klient:innen und in der Folge zu moralischer Abwertung führen:

„Ach, die kann ja nicht, die blickt ja überhaupt nichts mehr. Wie ist denn die? Also bös. Einfach bös." (I63)

Diversität als Herausforderung für Personal

Zu Überforderungen des Personals wie der Organisationsstrukturen kann es kommen, wenn Diversität z. B. seitens der Klient:innen abgelehnt wird bzw. respektiert werden soll. So wird etwa dargestellt, dass Frauen oft ein *„Problem damit haben, sich von männlichen Pflegern pflegen zu lassen" (I64)* und mitunter deren Dienstleistung ablehnen, ohne dass der Stellenplan darauf reagieren könne bzw. der Dienstplan des Personals sich darauf einstellen lassen würde. Nicht das Programm, auch nicht das Personal, sondern die Klient:innen generieren dann ein Diversitätsproblem.

Die Zugehörigkeit des Personals zu ‚Fremdreligionen' dagegen werde seitens der Bewohner:innen toleriert und gegenüber der Leitung dementsprechend nicht moniert. Beklagt und abgelehnt werde aber, so das bereits in einem anderen Zusammenhang zitierte Ankerbeispiel, die

Zugehörigkeit zu einer – wie eine Befragte wiederholt irritierenderweise sagt – „*Rasse*":

„Religion gucken wir gar nicht. (Mhm) Überhaupt nicht. Also das, wir haben Türken, also auch da bei der Bewohnerschaft eher nicht gegen die Religion. Das habe ich jetzt hier noch nie. Eher: Du bist ein Mann. Ich will dich nicht. Dann bist du vielleicht noch Türke, deswegen will ich dich vielleicht doppelt nicht. Also eher rein Rasse, aber nicht Religion." (I64)

Bestimmte Einrichtungen der Caritas haben mit spezifischen Diversitätsproblemen „*zu kämpfen*" (I65), insbesondere dann, wenn in ihnen mehrere Generationen, auch zwischen Personal und Klient:innen, kooperieren müssen. Nicht zuletzt dann, wenn die Klient:innen den älteren Generationen angehören – möglicherweise als geschlossenes Kollektiv innerhalb einer totalen Institution agieren, wie im folgenden Ankerbeispiel. Auch und gerade von Klient:innen älterer Generationen können, so berichten die Befragten, massive Diskriminierungen z. B. des Personals der organisierten Caritas ausgehen, wenn dieses eine ‚fremde' ethnische Herkunft mit einer entsprechenden Hautfarbe repräsentiert und sprachliche Anschlussprobleme habe:

Diversitätsherausforderungen zwischen Personal und Klient:innen

„… wie soll ich sagen, also sie ist Koreanerin. Sie hat ganz arg Hass verspüren müssen von Bewohnern. Also wirklich. ‚Scheiß Japse' und solche Sachen fielen da, ja. Wo ich dann auch erstmal mit der Bewohnerschaft ein ernstes Wörtle reden musste […]. Ich hab, also da das eher ein kritischer Wohnbereich ist und da das schon öfters mal die Akzeptanz bei denen ist ganz arg schwierig. Das ist eine festgeschworene Gemeinschaft von 12 Menschen, wo sechs aktiv (Pause) gegen Rassismus, äh also die sind echt rassistisch." (I65)

‚Vielfalt üben' – mit einer solchen Programmformel scheinen bestimmte Einrichtungen der Caritas – wegen charakteristischer Strukturbesonderheiten (Totale Institution) – an organisationskulturelle Grenzen zu stoßen, wenn diese Formel an Klient:innen gerichtet wird:

„Sagen wir es einfach so. Sie werden sich, ein Mensch, der andere Rassen nicht akzeptieren kann, der wird sich mit 90 nicht noch umstellen." (ebd.)

„Wann ist es am schlimmsten? Wann wird am schlimmsten getratscht? Ja, meistens abends nach dem Abendessen sitzen die alle am Tisch und dann geht's los. Dann wird über den Mitarbeiter geredet, über den Mitarbeiter, über die Bewohnerin und, und, und." (I66)

Spannungen zwischen Bewusstsein und Handlungspraxis

Religiöse Diversität ist kein Problem, solange sie folgenlos bleibt:

Religiöse Diversität soll Zeitablauf nicht stören

In keinem Interview wird von Diversitätsproblemen berichtet, wenn die Vielfalt der subjektiven Religiosität seitens der Mitarbeitenden im Bewusstsein verbleibt und nicht auf die Handlungsebene der caritativen Einrichtungen durchschlägt. Als unproblematisch wird religiöse Diversität erfahren, wenn bestimmte normative Organisationsbedingungen eingehalten werden. Solange zum Beispiel ein religiöses Bekenntnis nicht *so* nach außen kommuniziert wird, dass die Arbeitsabläufe gestört werden, indem etwa der Speiseplan durch religiöse Speiseverbote (*„du darfst jetzt kein Schweinefleisch essen" (I67)*) abgelehnt oder die Arbeitszeit zwecks religiöser Praktiken unterbrochen wird, wird es toleriert oder akzeptiert. Der Zeitbedarf in caritativen Organisationen ist groß, betriebliche Arbeitsabläufe kalkulieren mit Zeitknappheit und lassen sich offensichtlich nicht so ohne Weiteres mit der Vielfalt religiöser Rituale koordinieren oder dürfen nicht durch sie bestimmt oder überlagert werden:[61]

„Man muss jeden sein lassen, wie er ist. (Mhm) In seinem Glauben, in seiner Religion. (Mhm) Und solange die nicht anfangen zu sagen: Okay, ich pflege jetzt nicht, weil ich jetzt eine

[61] Vgl. hierzu auch am Beispiel der (evangelischen) Diakonie Michael N. Ebertz, „So etwas Geistliches reinbringen" – Fremdkörper im System?, in: Hanns Kerner/Konrad Müller/Klaus Raschzok (Hg.), Gottesdienste und Andachten in ausgewählten Feldern diakonischen Handelns. Eine empirische Studie im Auftrag des Gottesdienst-Instituts der Evangelisch-Lutherischen Kirche in Bayern, Leipzig 2022, 225–236.

Stunde beten muss, dann ist alles machbar und tragbar und akzeptiert. Also echt kein Problem." (I67)

Als eine weitere Art der Verletzung solcher Bedingungen wird auch gesehen, wenn die persönlichen religiösen Identitäten – etwa durch Bekehrungsversuche – in Frage gestellt werden „[Solange sie] *Menschen in ihrem Glauben lassen, hab ich da kein Schmerz damit, was die glauben" (I68)).* Religiöse Anwerbungen können freilich auch von Klient:innen ausgehen, wie eine Befragte aus der Beratung eines caritativen Sozialdienstes erzählt. Zugleich berichtet sie darüber, dass dies die Mitarbeitenden indirekt als Grenzverletzung kommuniziert und im Gegenzug – nach dem Schema ‚Wir und die Anderen' – ‚das Eigene' des religiösen Territoriums markiert haben:

„... und da kam dann ein Mann, der mich und meine Mentorin unbedingt am, ähm, am Sonntag in den Gottesdienst in die Moschee, ähm, einladen wollte. Und dann, und dann ging des, die Diskussion voll um Religion und so weiter. Und dann hat er, dann hat meine Mentorin gleich irgendwie so zugemacht: ‚Ja wir haben SELBER Gottesdienst am Sonntag und wir gehen in die katholische Kirche', und irgendwie hat' ich dann des Gefühl: Okay, das wird dann gleich so, also die Offenheit war irgendwie nicht so da von, von den Mitarbeitern aus." (I68)

Einschränkung der Religionsfreiheit?

Wir können an diesen Beispielen sehr anschaulich sehen, dass Organisationen sogar bisweilen bestimmte Rechte ihrer Mitglieder einschränken und Freiheiten – Religionsfreiheit – beschneiden oder die Mitarbeitenden das Gefühl haben, eingeschränkt und beschnitten zu sein, in Rechten, „die man sich außerhalb von Organisationen nicht nehmen lassen"[62] würde. Auch die Kommunikationen und Handlungen, die aus der Vielfalt des Personals hervorgehen könnten, werden, so wird in den Interviews deutlich, bis zu einem gewissen Grad eingeschränkt, sofern sie das Organisationsprogramm und die Organisationsabläufe irritieren.

Als eine massive Störung der institutionellen religiösen Selbstidentifikation der caritativen Einrichtung würden

[62] Armin Nassehi, Soziologie. Zehn einführende Vorlesungen, Wiesbaden 2008, 89.

zwei Befragte – gedankenexperimentell – die Erwartung klassifizieren, die hauseigene Kapelle für die rituelle Praxis von Anhänger:innen nicht-christlicher Religionen temporär zur Verfügung zu stellen:

„Interviewerin: Eine Kapelle?
Interviewte: Nein.
Interviewerin: Geht nicht?
Interviewte: Nein, das geht nicht.
Interviewerin: Warum nicht?

Interviewte: Weil es ein katholischer Ort ist. Also ich sage jetzt mal, klar, dass erstens mal, dass die da gar nicht rein wollten, weil es auch ihrer Religion wieder zuwider wäre. Und das ist ein geweihter Ort von der Religion. Also ich möchte, also ich finde nicht, dass der für alles herhalten kann." (I69)

„Nein, das ist nicht denkbar, ähm, also, also zwischendurch geht das mal, wenn die, die da zur Ruhe kommen oder was die da auch machen wollen, aber wenn, wenn dann die Bewohnerinnen da beten wollen, dann, aber, äh, das, das ist ja klar, dann haben die Vorrang und die anderen müssen raus." (I70)

Folgt man der Bewertung und Argumentation dieser Sequenzen, ist für die Interviewten die Kapelle gleichsam der gebaute Sinn der caritativen Einrichtung, ein durch Weihe ausgezeichneter und insofern heiliger Ort der Kirche. Er gilt ihr nicht als vielfältig und vieldeutig, sondern als eindeutig *„katholisch (I69)"*. Deshalb stoße er andere ab (*„zuwider" (I69)*) und müsse zugleich vor Entweihung (*„für alles herhalten" (I69)*) geschützt werden. Ihre eigene Haltung der *„Abwehr"*, der Exklusion, die sie an sich wahrnimmt, glaubt die Befragte auch auf der ‚Gegenseite' unterstellen zu können, womit sie ihr ‚Nein' zur Diversität zusätzlich legitimiert. Ein solches ‚Nein' ist offensichtlich begründungsbedürftig und ruft wie das ‚Ja' starke Emotionen hervor. Auffälligerweise ist dieses ‚Nein' nicht an die evangelischen Christ:innen adressiert, obwohl es sich der Befragten zufolge bei der Kapelle doch um einen konfessionell eindeutig *„katholischen Ort" (I69)* handelt. Im Unterschied zu den muslimischen Bewohner:innen wird den evangelischen aber auch keine reziproke Abwehr unterstellt:

„Ja, also dass, ich glaub auch, dass das beidseitig so ist. Also, es ist ja jetzt nicht die Katholischen oder Evangelischen als Gegner von dem und dem. Das gilt auch für die Muslime im Gegenzug. Die wollen auch nicht in, in eine kirchliche, also so ein Ding rein. Glaub ich nicht, dass die in eine Kapelle sitzen würden, um dort ihrem Glauben nachzukommen. Wird bei denen genauso Abwehr sein, wie jetzt gerade vielleicht von mir. Aber das geht für mich nicht…" (I69)

Eine aus ihrer Sicht konstruktive Lösung des hier angesprochenen religiösen Diversitätsproblems sieht die Befragte übrigens darin, für die – möglicherweise wachsende – Zahl muslimischer Klient:innen in Altenpflegeheimen einen separaten Raum (*„in einer Abgeschiedenheit" (I69)*) zur Befriedigung ihrer religiösen Bedürfnisse vorzuhalten:

„Also wenn, dann mit den Bewohnern, die auch muslimischen Hintergrund haben, dass die natürlich denen auch was anbieten kann, ist okay. Aber da muss man dann, finde ich dann, jetzt was, wo man individuell pro Haus angucken müsste und sagen müsste: Okay, wir haben hier jetzt aber 5 muslimische Bewohner, denen müssen wir auch was anbieten. Dann müssen wir kucken: Okay, findet man vielleicht einen Ehrenamtlichen oder jemand aus der muslimischen Gemeinde, der mit denen das dann in einer Abgeschiedenheit zelebrieren kann. So wie die katholischen und evangelischen Mitglieder in die Kapelle gehen können, müsste es dann vielleicht einen Begegnungsort geben, wo die Muslime ihr Gebet sprechen können." (I69)

Es geht in diesem Fall somit nicht um die Freihaltung bestimmter Zonen des funktionalen Organisationsgeschehens einer caritativen Einrichtung von religiöser – auch ritueller – Symbolik überhaupt (Stichwort: Arbeitsabläufe), sondern um die Freihaltung von als christlich – katholisch und evangelisch – definierten Teilen von konkurrierender religiöser Praxis und Symbolik und um deren organisationale Marginalisierung. Was als konfessionell homogen (*„katholisch" (I69)*) erwünscht ist, ist normativ, wie im vorliegenden Fall, in *interkonfessioneller* Diversität möglich, aber *interreligiös* noch lange nicht zulässig – jedenfalls nicht im Rahmen einer Organisation der Caritas. Organisationen können, anders als die Gesellschaft insgesamt, Filter einbauen, um Zonen und Grade der Exklusion zu errichten – auf einer (fiktiven) 10-Punkte-Skala gewissermaßen zwischen den Polen der ‚Homogenität' (Punkt 1) und der ‚Diversität' (Punkt 10). Das ‚Kapellen-Jaein' ließe sich dann vielleicht mit einem Skalenwert 3 auf einer solchen ‚Diversitäts-Skala' einordnen, gilt es doch nur den Muslim:innen, aber nicht den Protestant:innen. Hinsichtlich der rituellen Kommunikations- und Handlungspraxis wird die *Religions*grenze schärfer markiert als die *Konfessions*grenze. Hinsichtlich der religiösen *Einstellungen* der Subjekte wird auch die Religionsgrenze geöffnet.

Der Schleier als Distinktionsgrenze

Das folgende Beispiel steht für einen noch geringeren Skalenwert auf der Diversitäts-Skala. Ein noch deutlicheres ‚Stoppschild' hinsichtlich der Diversitätstoleranz würden nämlich einige der Befragten errichten, wenn Mitarbeiterinnen der organisierten Caritas dazu übergehen würden, Schleier zu tragen – offensichtlich assoziieren sie damit eher muslimische Frauen als katholische Ordensschwestern oder Nonnen, obwohl diese die Personalstruktur caritativer Einrichtungen in früheren

Zeiten prägten.[63] Unabhängig davon, ob es sich bei dem Schleier um ein religiöses, ästhetisches, ethnisches oder politisches Symbol vestimentärer Kommunikation handelt, stoßen solche Praktiken, die das körperliche Selbst mit Hilfe eines stofflichen Artefakts konstruieren und präsentieren und damit persönliche wie soziale Identität, Unterscheidung und Zugehörigkeit markieren, auf deutliche, auch emotionalisierte Ablehnung:

„Also, da habe ich eh ein, wie soll ich sagen, das ist für mich zum Beispiel, was, wo ich sage: Nein, das würde nicht gehen. Weil ich grundsätzlich damit ein Problem habe. Wenn ich in ein anderes Land gehe, lass ich mich auf dieses andere Land ein, und auch im Urlaub und halte mich an die Regeln, die für mich in diesem Land gelten. Ich finde hier in diesem Land gehört Verschleierung im öffentlichen Leben nicht dazu. Wenn die das daheim für sich so leben, habe ich da gar keinen Schmerz damit, aber […] im Christlichen gibt es keine Verschleierung. Wenn jemand die Position einer Leistungskraft hier innehaben möchte, ist das eine Regel vom Haus, wo man sagt: Okay, wir sind hier im christlichen Glauben unterwegs. Verschleierung ist bei uns im Garten absolut kein Thema […]. Also, das finde ich, geht nicht. Also, das find ich, also da wäre für mich eine Grenze da. Weil damit habe ich echt ein Problem." (170)

Bestimmte Formen vestimentärer Praxis sollen offensichtlich nicht die Wahrnehmung des Personals durch andere (Bewohner:innen, Angehörige, Träger, Kolleg:innen) und damit die Interaktionen in einer caritativen Einrichtung prägen. Immer wieder gibt es in helfenden Einrichtungen in konfessioneller Trägerschaft Streit darüber, wenn muslimische Mitarbeiterinnen bei der Arbeit Kopftuch tragen.[64] Das Recht auf individuelle Religionsaus-

Vestimentäre Kommunikation

63 Noch 1950 waren ca. 60 Prozent der – damals 100.000 – Hauptamtlichen in der organisierten Caritas Priester und Ordensleute; S. Michael N. Ebertz, Caritas im gesellschaftlichen Wandel – Expansion in die Krise?, in: Markus Lehner/Wilhelm Zauner (Hg.), Grundkurs Caritas, Linz 1993, 83–114.

64 Vgl. Uta Rasche, Kopftuch-Kampf im Krankenhaus, in: Frankfurter Allgemeine Sonntagszeitung vom 23.11.2014, 9. Dort wird über mehrere Rechtsfälle berichtet, auch über eine Tagung „Diakonie im multireligiösen Kontext" 2014, auf der Heinrich Bedford-Strohm für die Wertschätzung von Menschen anderer Religionen in den Einrichtungen des Diakonischen Werks plädierte, die nicht als Bedrohung, sondern als Reichtum zu entdecken seien. Der Umgang mit der ‚Kopftuch-Frage' in konfessionellen Einrichtungen ist selbst ‚divers': Im katholischen „St. Elisabeth-Krankenhaus in Wittlich arbeiten eine muslimische Oberärztin in der Gynokologie und eine muslimische Assistenzärztin in der Inneren Medizin, beide mit Kopftuch" (Rasche).

übung, das darin zum Ausdruck gebracht werden kann, kann dem Selbstbestimmungsrecht der Kirchen entgegenstehen. Tatsächlich ist es ja so, dass das, was wir sehen, neben dem Gesicht und den Händen, und das, worauf wir reagieren, nicht die innere Einstellung, aber auch „nicht der Körper, sondern die Kleidung unserer Mitmenschen" ist: „Anhand ihrer Kleidung bilden wir uns, wenn wir ihnen begegnen, unseren ersten Eindruck von ihnen", zumal sie sich nicht erst aus der Nähe, sondern „auch aus einer angemessenen Entfernung genau erkennen" lässt.[65] Die Kleidung bildet die Schauseite des Körpers und fungiert als wichtiges ‚Anzeichen' für ansonsten Unbeobachtbares, das für Projektionen offen ist.

Allerdings wechselt die Befragte im weiteren Verlauf des Interviews bei der Rechtfertigung ihrer doch massiven Diversitätsbegrenzung ihren argumentativen Bezugspunkt: weg von einer ethnizistischen Rahmung, über ein habituelles Schema (Gewohnheit, Sozialisation, Milieuzugehörigkeit) hin zu einem eher kommunikationstheoretischen ‚Script'. Das habituelle Schema bringt sich wie folgt zum Ausdruck:

„Das ist für mich einfach was, wo ich sag: So bin ich nicht aufgewachsen. Das ist nicht das, wie ich Menschen wahrnehme. Ich tu mir eh jetzt schon schwer mit diesem Mundschutz […] Für mich ist da, der kann mir unter der Burka die Zunge rausstrecken und ich fühle mich dann nicht gut" (I70)

Verknüpft mit dem habituellen Begründungsschema führt die Befragte – auch im Blick auf die Perspektive ihrer Klient:innen – eine eher pragmatisch-professionelle Rahmung ein, indem sie auf die Notwendigkeit der Wahrnehmbarkeit nonverbaler Zeichen in der helfenden Interaktion verweist, die für sie selbst, aber auch für die Klient:innen als Anzeichen und soziale Zeichen fungieren. Die Sorge um sich selbst und die Fürsorge für die Klient:innen werden dabei als Begründung für die Begrenzung von Diversität herangezogen:

---

65 John Flügel, Psychologie der Kleidung, in: Silvia Bovenschen (Hg.), Die Listen der Mode, Frankfurt 1986, 208–263, hier 208.

„Ich tu mir eh jetzt schon schwer mit diesem Mundschutz, weil man niemand mehr wirklich – also da müssen wir vielleicht auch dazulernen – da möchte ich mich nicht ausnehmen. Aber ich brauche eine Mimik im Gesicht, ich brauch des, und für mich ist es ganz schwierig, Menschen zu deuten, zu spüren, was der empfindet oder wie es ihm grad geht, wenn ich nur die Augen sehe." (I70)

„Aber, also ich find sowieso auf dieser Ebene, wie man hier unterwegs ist, wo eine Bewohnerschaft ist, die tendenziell verändert ist. Die tun sich jetzt bei uns grad schon schwer, obwohl sie uns kennen mit Mundschutz und wie, die brauchen dein Gesicht, und ich finde, für Emotionen braucht man das Gesicht, und hier ist Endstation für die meisten, wo hier reinkommen. Die wenigsten gehen hier […] von hier aus wieder nach Hause. Dann finde ich, dürfen die schon noch und dann eine Leitungskraft und verschleiert. Da hätte ich echt ein Problem." (I70)

Diversität als Erfahrung kommunikativer Unvertrautheit

In den Einrichtungen der Caritas finden soziale Dienstleistungen statt, in denen es auch auf die verbale Verständigung ankommt. Interaktiv setzen sie auf verbale und nonverbale – sinnliche – Kommunikation unter sich wechselseitig Anwesenden. So ist die Erfahrung von Diversität nicht selten und oft ganz zentral eine Erfahrung von kommunikativer Unvertrautheit, die auch eine quantitative Dimension hat, obwohl sie kein exakt quantifizierbares Maß kennt. In den Einrichtungen der Caritas wird dieses ‚Maß' überschritten, kann Diversität erhebliches Unbehagen und kommunikative Irritation auslösen, *„wenn es zu viele werden"* (I71), die sich nicht mehr in der gleichen Sprache – in der Regel auf Deutsch – verständigen können:

„Wenn es zu viele werden, die anderssprachig sind, und wir eh in einem Bereich oder zwei ein bisschen, dann guckt man, dass man dann sagt: In dem Wohnbereich, sollten wir jetzt als nächstes nicht nochmal jemanden bringen, der anderssprachig ist oder nicht andere Nationalität, aber der wenigstens die deutsche Sprache gut kann. Das ist eher der Knackpunkt. Nicht das Problem, sondern wenn sie völlig, ganz arg gebrochen Deutsch sprechen, dann wird es oft schwierig. Und das ist so,

wo man die Balance versuchen muss zu halten, dass man nicht zu viele auf einem Bereich hat, die wirklich so Sprachdefizite haben, dass die Bewohner sich nicht mehr verstanden fühlen oder, dann wird es ein bisschen schwierig. Also wenn die Bewohnerschaft die Leute, die sie pflegt, das Gefühl haben, sie verstehen nicht, was die zu ihnen sagen, dann wird's, dann muss man ein bisschen aufpassen, dass man die Balance hält. Also nicht zu viele. Also wenn, dann muss man schauen, dass sie auf einem anderen Wohnbereich, vielleicht gibt's mehr, die sehr gut Deutsch sprechen oder viele Deutschsprachige, dann sagt man: Wenn in beide Obergeschoss in dem Wohnbereich irgendwo Personal benötigt wird, da können wir dann wieder, aber wir sollten in dem Wohnbereich jetzt jemand integrieren, der der deutschen Sprache auch mächtig ist." (I71)

Die Befragten räumen auch ein, dass der konstruktive Umgang mit Diversität noch habitualisiert werden muss, d. h. bislang allenfalls als eine bloß kognitive Angelegenheit erlebt wird, die noch nicht in Fleisch und Blut übergegangen ist:

„Ich habe in den letzten Jahren sehr viel in der Theorie über diese ganzen Dinge gelernt, […] aber ich muss für mich selber einräumen, dass vieles im Kopf ist und nicht immer im Bauch." (I72)

Unterschiede zwischen ‚oben' und ‚unten'

Im Blick auf das Personal caritativer Einrichtungen wird ein Oben-Unten-Muster der Verteilung von Diversität erkennbar:

Die Grundordnung

Den Befragten fällt eine Oben-Unten-Verteilung auf, die auch als organisationshierarchische Lösung des Diversitätsproblems gesehen werden kann und – auf Nachfrage der Interviewerin hin – mit Verweis auf die ‚Grundordnung' zum Thema gemacht wurde. Diese adressiert bekanntlich höhere religiöse Homogenitätsanforderungen für und Loyalitätserwartungen an das Leitungs- und Führungspersonal einer kirchlichen Arbeitsorganisation und erlaubt ihr – analog zur Unterscheidung von Klerus und Laien in der verfassten Kirche – mehr Diversität ihres Personals in ihren operationalen Bereichen der Sozial- und Gesundheitsarbeit[66]:

„Wie meinen Sie mit, welche Grundordnung? Oder was meinen Sie? Also, mir alle müssen, ich sage jetzt mal, Führungskräfte müssen entweder evangelisch oder katholisch sein. Das ist schon so. Aber Pflegekräfte, da ist man davon weggekommen." (I73)

Auch in den Gruppeninterviews wird darauf hingewiesen, dass sich religiöse und ethnische Diversität erfahrungsgemäß in den unteren Segmenten der caritativen Arbeitsorganisation konzentriere:

„Also mir fällt da gleich ein, dass, ähm, DIE EINZIGE Mitarbeiterin mit Migrationshintergrund eine Putzfrau war (lacht). Und das ist eigentlich SO, ähm, oder Reinigungskraft jetzt mal, ja, nett ausgedrückt, aber oftmals ist es halt doch die Putzfrau. Und ähm. Das zeigt ja eigentlich schon wieder, ähm, dass es doch nicht so divers ist, wie man sich es vielleicht, ähm, die Diversität so hoch ist, wie es man sich vielleicht wünscht. Und, wo es mir auch noch begegnet ist, […] ähm, im Caritas-Sozialdienst …" (I74)

Unwuchten zwischen christlichen und nicht-christlichen Informationen

Disparitäten im Umgang mit Diversität werden bei der Caritas auch in Fortbildungen erlebt:

Von einer anderen Form der organisationsinternen Disparität bezüglich der Verteilung der Diversität in Einrichtungen der Caritas wird in einem Gruppeninterview berichtet. Disparität im Umgang mit Diversität zeige sich, so die bezeugte Erfahrung, nicht nur im Arbeitsalltag, sondern etwa in Fortbildungsveranstaltun-

Zu wenig Vielfalt in Fortbildungsveranstaltungen?

[66] Allerdings nicht in der Ehe-, Familien- oder Schwangerenberatung und nur ausnahmsweise als Erzieherinnen. Allerdings fallen hier zunehmend die rechtlich zulässigen Grenzziehungen. S. Ebertz, Entmachtung, 73 ff.; Sarah Röser, Vielfalt trotz Einheit, in: Verband katholischer Tageseinrichtungen für Kinder (KTK) (Hg.), Vielfältige Teams. Die Religionszugehörigkeit von Fachkräften in katholischen Kitas, Freiburg 2020, 21–48, bes. 39.

gen, wo christliche Überzeugungen gegenüber anderen präferiert, prominent akzentuiert und raumgreifender thematisiert werden. Die *„große Vielfalt an Religionen" (I75)*, die in der Teilnehmer:innenschaft solcher Veranstaltungen repräsentiert war, habe zwar keine direkte Diskriminierung zugunsten eines christlichen Wahrheitsmonopols erfahren, sei aber auch nicht adäquat durch die Veranstaltungsagenda widergespiegelt und darüber indirekt abgewertet worden:

„Da war der Träger oder die Trägerschaft war die Caritas. Und dort ist mir sehr stark aufgefallen, also die, die dort waren, die das FSJ gemacht haben, da gab es eine große Vielfalt an Religionen, an Orientierungen, an sexuellen Orientierungen, aber bei denen, die die Seminare geleitet haben, da gab es dann natürlich dann schon sehr starke, also nur verschiedene Richtungen. Klar, das Geschlecht, Männer, Frauen, aber auch nur, wie die weiter orientiert sind, das weiß ich selbst nicht. Aber eben mit dem Hintergrund, mit dem katholischen Hintergrund und nicht IRGENDWAS anderes, und auch da wurde auf den Seminaren dann das Katholische da irgendwie immer noch mit Angeboten, und die, die sich dann dem nicht angesprochen gefühlt haben, die sind da hinten runtergefallen, beziehungsweise die sollten sich das schon auch mit anhören, und das hat mir jetzt (eher?) so ein bisschen aufgestoßen." (I75)

Konflikte zwischen kirchenoffiziellen und caritativen Erwartungen

Der Umgang mit Diversität bei der organisierten Caritas wird als spannungsreich erfahren:

Dass in den Einrichtungen der Caritas, jeder sein kann, wie er ist', und jede auch, wie es im folgenden Zitat formuliert wird, das wir hier als Ankerbeispiel wiederholen, kann auf dem Hintergrund der bislang entfalteten Sachverhalte nicht ohne Weiteres bestätigt werden; denn der Umgang mit Vielfalt in den Organisationen der Caritas wird als zu spannungsreich und selbst als zu vielfältig bezeugt.

„Bei uns kann jeder sein, wie er ist, das macht doch auch die Caritas aus oder, die Vielfalt. Da ist es, ähm, egal, ob dunkel, hell, Frau, Mann, geschieden oder verheiratet. Ich weiß, offiziell darf das nicht sein, aber, aber, also, bei uns kräht da kein Hahn nach. Das ist bei uns so, aber auch in den anderen Häusern unseres Caritasverbandes" (I76)

Umgang mit Diversität ist spannungsreich

Selbst in diesem ‚O-Ton' wird – zumindest implizit – in der Metapher des männlichen Haushuhns die organisationskulturelle Spannung deutlich, in der sich in den Organisationen der Caritas viele Mitarbeitende sehen. Die Redewendung, dass ‚kein Hahn danach kräht', spielt zum einen – bewusst oder unbewusst – auf den biblischen Hahnenschrei an, der eine im Stil schrille, jedenfalls mahnende Bedeutung hat (nämlich Petrus wiederholt an die Verbundenheit mit Jesus zu erinnern, den er verleugnet). Dass überhaupt *„kein Hahn"* (I76) existiert, könnte damit auf metaphorische Weise zum Ausdruck bringen, dass in der Hierarchie der konkreten Organisation keine offiziellen Sanktionsexpert:innen wahrgenommen werden, die bestimmte Themen, Sachverhalte und Grenzen von Diversität unter Kontrolle nehmen und für sanktionsrelevant halten. Aber die Befragte *„weiß, offiziell darf das nicht sein" (I76)*.

Deutlich wird in diesem angeführten Ankerbeispiel, dass eine Unterscheidung zwischen der offiziellen Gültigkeit und der inoffiziellen Geltung von Vielfaltsregeln getroffen wird. Somit lässt sich eine gespaltene Organisationskultur erkennen: Was offiziell nicht sein darf bzw. für verboten gehalten wird, wird dennoch praktiziert und als Sachverhalt nicht in die Kommunikation gehoben. Diese Unterscheidung von offizieller Gültigkeit und faktischer Geltung durchzieht – nicht dem Begriff, sondern der Sache nach – weite Passagen unserer Interviews und betrifft nicht nur das Personal, sondern auch das Programm der organisierten Caritas als Teil der Kirche. In den Einrichtungen der Caritas gibt es, so scheint es, eine informelle und eine formelle Kultur der Vielfalt, die sich auch und gerade auf die sexuelle Orientierung sowie auf den Familienstand, möglicherweise auch auf die spirituellen Überzeugungen bezieht. Hinzu kommt, dass alle Beteiligten um diese Differenzen wissen und sich damit im Alltag irgendwie arrangiert haben. Allerdings lässt auch das Postulat der offiziellen kirchlichen Arbeitsrichtlinien, der von den Deutschen Bischöfen erlassenen und umstrittenen ‚Grundordnung', zumal in der – inzwischen veralteten Fassung von 2015, den jeweiligen Einzelfall und den Grad der Erregung eines Ärgernisses in der Dienstgemeinschaft zu erfassen, viel Interpretations- und Entscheidungsspielraum. Dieses begünstigt weite und spezifische Zonen des Informellen, das es freilich in jeder Organisation gibt.

Das Zitat macht somit auf ein – im Arbeitsalltag möglicherweise in den Hintergrund tretendes – Spannungsfeld zwischen normativem Anspruch und faktischer Geltung aufmerksam: Das was ist, ist *„offiziell" (I76)* nicht erlaubt. Das amtlich – kirchenamtlich – gesetzte Gültige der ‚Grundordnung', ein wichtiges Programmelement kirchlicher Arbeitsorganisationen, scheint aber pragmatisch außer Kraft gesetzt zu werden und nicht in Geltung zu sein. Es hat, soziologisch gesagt, weder eine Verhaltensgeltung noch eine Sanktionsgeltung, also keine Gesamtgeltung.[67] Anders gesagt: Wie unter der Mehrheit der Kirchenmitglieder wird die Verbindlichkeit der kirchenamtlich verfügten sexuellen Gebote und Verbote – bis hin zur Norm der Monogamie – als geschwächt erlebt. Kirchenrechtliche ‚Muss-Normen' sind faktisch zu ‚Soll-Normen', wenn nicht zu ‚Kann-Normen' herabgesunken[68]. Neben dieser Normen-Fakten-Spannung zeigt sich noch eine andere Spannungsdimension: Zu der in ihrer Verbindlichkeit geschwächten amtlichen Norm wird ein Gegenwert, wenn nicht eine Gegennorm postuliert, wofür ‚die Caritas' stehe, welche geradezu die Identität der Caritas ausmache. Eine der Antworten auf die Frage, was die Caritas sei, ist *„die Vielfalt" (I77)* selbst. Zugespitzt gesagt: Die identitäre Vielfalt der Caritas mit der identitären Einfalt der Bischofskirche kontrastiert:

Vielfalt statt Einfalt

[67] Vgl. Heinrich Popitz, Die normative Konstruktion von Gesellschaft, Tübingen 1980, 64 ff.

[68] Vgl. Ralf Dahrendorf, Einleitung in die Sozialwissenschaft, Zürich 1967, 76 f.; Ders., Homo sociologicus, 12. Auflage, Opladen 1973, 36 ff.

„Menschen, die glauben, Andersartige müssen zuhause bleiben, passen nicht in die Caritas". (I77)

Je mehr ‚die Caritas' *als* Einrichtung der römisch-katholischen Kirche ihrer *eigenen* Werte-Identität treu bleibt, desto mehr gerät sie in Spannung zur normativen Identität der amtlichen Kirche, die Diversität nur in begrenztem Umfang akzeptiert. Die Befragten sehen das Personal der Caritas mithin in einer doppelten Spannung: einerseits einer Normen-Fakten-Spannung (‚Ist vs. Soll'), andererseits einer Normen-Normen-Spannung (‚Soll vs. Soll') – jedenfalls was den sexuellen Themenkreis betrifft.

Vielfalt, mancherorts euphorisch gefeiert, kann in den Einrichtungen der Caritas nicht ohne Spannungen praktiziert werden. In Frage gestellt wird von einigen Befragten auch die in der ‚Grundordnung' programmatisch verankerte Verknüpfung von Professionalität und Konfessionalität im Blick auf die Führungs- und Leitungspositionen caritativer Einrichtungen:

„Also, ich bin katholisch erzogen worden, gab's für mich noch nie die Überlegung, aus der Kirche auszutreten oder sonstiges […]. Es wird so bleiben, bis ich sterbe. Für mich ist das an dem, was ich festhalte. Es gibt ein paar Dinge, wo ich dann sage: Das find ich ein bisschen befremdlich […]. Du kannst nur Leitung sein, wenn du – jetzt angenommen, ich wäre kirchlich verheiratet gewesen und würde mich jetzt scheiden lassen – dann könnte das ein Kündigungsgrund sein. Und das sind Dinge, wo ich sage: Das ist jetzt, also für mich was, wo ich sagen muss, das sollte man echt überdenken, weil, ob ich jetzt geschieden bin oder verheiratet bin oder was für einen Familienstand ich habe, das ändert doch nichts an meiner Qualität, ob ich ein Haus führen kann oder ob ich eine Pflegedienstleitung sein kann oder eine andere Leitungsart. Und das sind Dinge, wo ich dann sag: Da tu ich mir sehr schwer. Das finde ich sehr, sehr festgefahren. Und da kann ich nicht wirklich dahinterstehen. Ich müsste es halt akzeptieren, wenn es dann je so wäre, dass … also. Aber verstehen kann ich es nicht." (I78)

Die befragten Mitarbeitenden der Caritas identifizieren sich mit weitaus mehr Vielfalt, als die offizielle Kirche erlaubt. Gegenläufig zu den normativen Erwartungen des katholischen Katechismus nimmt eine Befragte sogar auf der Sachebene eine funktionale Trennung von Management und Religion vor. Diese Trennung könne, anders als gefordert, auch in caritativen Einrichtungen praktiziert werden, ohne das katholische Profil der Einrichtung zu gefährden. Religiöse Vielfalt müsse in der Hierarchie der Organisationsstruktur nicht dadurch abgepuffert werden, dass sie von der Topstelle ferngehalten werde:

Funktionale Trennung von Management und Religion

„Ich sag jetzt mal grundsätzlich: Man kann, finde ich, auch Leitungspositionen innehaben, ob man jetzt, welchem Glauben man auch angehört, weil Führung und Leitung hat für mich nichts mit einer Religionsausrichtung oder mit, mit einem ethischen Hintergrund oder sonst irgendwas zu tun. Leitung, das ist mehr. Das hat nichts mit Glauben oder sonst irgendwas zu tun. Solange man sich vielleicht dann darauf einigt, zu sagen: Okay, du führst aber dieses Haus in dem Sinne, in dem wir hier, zu dem wir stehen. Wir sind eine katholische Einrichtung.

Solange du das trotzdem so akzeptierst: Das katholische Leben hier lebt mit den Bewohnern und mit den Mitarbeitern, finde ich, darf's eigentlich dem Träger egal sein, was für einen Glauben der Mensch hat." (I79)

Implizit wird somit seitens der Leitung Differenzakzeptanz postuliert, nämlich die institutionelle (religiöse) Identität zu kommunizieren und repräsentieren, ohne sie individuell zu teilen. Institutioneller und individueller Sinn, organisationales und privates Entscheiden werden getrennt. Wie der BMW- Manager im privaten Leben keinen PKW dieser Automarke besitzen müsse, um den formalisierten Rollenerwartungen seines Betriebs entsprechen zu können, seien auch Inhaber:innen des Caritas-Managements in der Lage, eine *„katholische Einrichtung" (I79)* in *„dem Sinne" (I79)* zu führen und zu leiten, ohne die private Lebensführung an diesem Sinn auszurichten. Dahinter steht die – religionssoziologisch von

Thomas Luckmann[69] betonte – Tatsache, dass die religiöse Sinnintegration der Einzelperson institutionell (z. B. durch die Kirche) nicht abgenommen, sondern ihr (allein) zugemutet wird, da sie in der modernen funktional differenzierten bzw. institutionell segmentierten Gesellschaft hochkomplex geworden ist und noch anderen Erfahrungen in anderen Daseinsbereichen entsprechen muss. Es kommt zu einer „Aufspaltung des Handlungssinns und der Handlungskontrolle zwischen den ‚großen' Institutionen"[70] und zu einer ‚Abspaltung' eines über den Handlungssinn hinausgehenden Lebenssinns. Damit bleibt der „umfassende Lebenszusammenhang" „gesellschaftlich unbestimmt".[71]

Obwohl die Kirchen als religiös spezialisierte Institutionen eine transzendente religiöse Symbolwelt repräsentieren und sich in ihnen – wie in den Sekten – spezifisch religiöse Normen verdichten, fehlen ihnen im Blick selbst auf ihre eigenen Mitglieder nicht nur die Fähigkeit zum Bewusstseinszwang, sondern – im Unterschied zu den anderen großen Institutionen von Politik und Wirtschaft – auch zum Handlungszwang und zur Handlungskontrolle. Im Vergleich zu den ‚normalen' Kirchenmitgliedern unterliegen Mitglieder kirchlicher Arbeitsorganisationen ebenfalls keinem religiösen Bewusstseinszwang, allerdings einem organisationellen bzw. institutionellen Handlungszwang.

Den Kirchen fehlt die Fähigkeit zum Bewusstseins- und Handlungszwang

[69] Thomas Luckmann, Das Problem der Religion in der modernen Gesellschaft, Freiburg 1963,13. Dieser Text basiert auf Thomas *Luckmann, Neuere Schriften zur Religionssoziologie*, in: KZSS 1960, 315–326, und wurde dann modifiziert, erweitert und übersetzt: Thomas Luckmann, The Invisible Religion: The Problem of Religion in Modern Society, New York 1967. S. dann Thomas Luckmann, Die unsichtbare Religion, mit einem Nachtrag von Thomas Luckmann und einem Vorwort von Hubert Knoblauch, Frankfurt 1991.

[70] Thomas Luckmann, Überlegungen zu den Metamorphosen der Religion in der Moderne, in: Erwin Teufel (Hg.), Was hält die moderne Gesellschaft zusammen?, Frankfurt 1996, 198–205, hier 202; Luckmann zufolge ist Zweckrationalität „für den Einzelnen nicht sinnlos – aber auch nicht sinnstiftend (bzw. integrierend)", so Ders., Religion in der modernen Gesellschaft, in: Jakobus Wössner (Hg.), Religion im Umbruch. Soziologische Beiträge zur Situation von Religion und Kirche in der gegenwärtigen Gesellschaft, Stuttgart 1972, 3–15, hier 13.

[71] Luckmann, Überlegungen, 202.

Spannungen, Konflikte, Krisen und Lernprozesse

Die Folgen der ubiquitären gesellschaftlichen Diversität können kognitiv unterschiedlich wahrgenommen und bewertet werden, auch und gerade in den arbeitsweltlichen Praktiken der Einrichtungen der Caritas.

Wenn es um die Dimension der Glaubensüberzeugungen und Glaubenspraktiken am Arbeitsplatz geht, reicht das Spektrum der Bewertung von Diversität von *„Bereicherung"* (I80) (*„schön"* (I81); *„ansprechend"* (I82); *„toll" (I83); „neu" (I84), „intellektuell herausfordernd" (I85), „moralisch besser" (I86)*) bis hin zum „Wertekonflikt" *(I87)*, der sich auch in der eigenen Biographie äußert, indem er einen Prozess der „Dauerreflexion" (Helmut Schelsky) auslöst. Die Einstellungen oszillieren zwischen den Polen des Konstruktiven und des Destruktiven, in der Spannung zwischen Öffnung und Schließung, Bereicherung, „Relativierung" (Peter L. Berger) und Vertiefung des bislang Geglaubten.

Widersprüche und Dissonanzen

Im Umgang mit der Diversitätsthematik bei der organisierten Caritas werden kognitive Dissonanzen erlebt, die zur Reduktion drängen:

Einige der Befragten nehmen einen Widerspruch zwischen kirchlicher Kommunikationspraxis und christlicher – ‚katholischer' – Wertorientierung wahr, der auch in innerkirchlichen Auseinandersetzungen medial vermittelt werde und sie belaste. Unter den katholisch sozialisierten und an ihrer Kirche interessierten Teilnehmer:innen können diese Diskrepanzen als ‚kognitive Dissonanzen' erlebt werden. Zum einen sehen sie eine Dissonanz zwischen den Normen der Kirche und zwischen den Werten dessen, auf den sich diese gegründet sieht:

„TN 1: Das ist ja eigentlich auch das, was eben meiner Meinung nach die Kirche eigentlich lehren SOLLTE. Also gerade

das steht ja eigentlich auch in der Bibel. Also Jesus IST zu den Prostituierten gegangen, das war damals ja richtig, richtig krass und schlimm. Also ich finde das so, das, das verletzt mich, wenn ich höre zum Beispiel, dass geschiedene Menschen nicht zur Eucharistie dürfen. Das ist also beispielsweise das, das sind lauter so …

TN 2: Geschiedene Wiederverheiratete. Geschiedene dürfen. So nett (spöttisch).

TN 1: Geschiedene Wiederverheiratete. (lacht). Ja, aber auch das finde ich verletzend (lacht)". (I88)

Kognitive Dissonanzen im Erleben von Diversität

„Kognitive Dissonanzen" sind Leon Festinger[72] zufolge dann wahrscheinlich, wenn mehrere zugleich bestehende Kognitionen – z.B. Wahrnehmungen, Meinungen, Einstellungen, Überzeugungen, Lehrsätze – nicht miteinander vereinbar sind, einander widersprechen oder sich ausschließen. Dieser Zustand löst – zumal bei höchstrelevanten Widersprüchen – ein Unbehagen (*„verletzend" (I88)*) aus und folglich einen Druck, diese Dissonanzen zu reduzieren, loszuwerden, wobei mehrere Möglichkeiten zur Verfügung stehen: neben

a) der Nihilierung oder Abwertung der die Dissonanzen erzeugenden (gesellschaftlichen) Realität oder

b) dem physischen Eingriff in diese oder als dritte Möglichkeit sowie

c) die Korrektur der eigenen Überzeugungen bzw. Kommunikationen und Handlungen in Form von Anpassung.

Da für die befragte Person der Weg c auf dem Hintergrund ihres eigenen Standpunktes nicht in Frage kommt und auch der Weg b (z.B. durch Kündigung, Kirchenaustritt) verschlossen bleibt, scheint ihr wie auch vielen anderen Befragten nur das spöttische Lachen zur Verfügung zu stehen, das als Abwertung verstanden werden kann, um sich situativ von ihren Dissonanzen zu ‚erlösen'.

[72] Leon Festinger, Theorie der kognitiven Dissonanz, Bern 1978.

Als Kirchenmitglieder erleben die Befragten auch Dissonanzen zwischen der Selbstdarstellung der Kirche als ‚katholisch' im Sinne von ‚allumfassend' und ‚allgemein' und ihrer realen Praxis der Diskriminierung. Auch hier werden diese kognitiven Dissonanzen als unangenehm und belastend empfunden, was sich an bestimmten emotionalen Bewertungen der Befragten – etwa Bewertungen des Schmerzes (*„es tut mir weh" (189)*) – erkennen lässt. Das Unbehagen, das ‚Widerstreben', das durch kognitive Dissonanzen ausgelöst wird, erzeugt Bemühungen, sie aufzulösen (etwa durch *„Dagegenwirken" (189)*), und Abwertungen bei vielen (*„dass das viele nicht interessiert" (189)*):

Erleben von Dissonanz der Fremddarstellung und der eigenen subjektiven Erfahrung

„... katholisch heißt, wenn man es übersetzt, ‚allumfassend'. Und das genaue Gegenteil wurde halt über Jahrzehnte hinweg transportiert. Und dann wundert es, finde ich, halt einfach nicht, dass die Meinung so immer noch da ist. Und es TUT MIR WEH, wenn ich das, weil ich das halt GAR nicht so sehe [...] und natürlich hoffe ich, dass ich da dagegenwirken kann. Aber, ähm, es ist, das ist so ein, so ein JAHRELANGER, ja da wurde jahrelang was anderes, ähm, kommuniziert. Natürlich ist die, natürlich denken die Leute, die Kirche ist nicht weltoffen, die Kirche ist, ähm, (seufzt) gegen Frauen, gegen Homosexualität. Das ist ja ganz klar. Und dass dann Einzelne das anders sehen, dass das viele nicht interessiert, das verstehe ich." (189)

„Was bei mir so Dinge sind, Dinge bei mir sind, dass die Katholische Kirche und die Caritas sich auf die Fahne schreiben, sie sind eine Kirche für alle, sie sind für alle Menschen da, ähm. Ja. Für welche alle sind sie denn da? (spöttisch) (...) Und, ähm, dass sie weltoffen sein wollen. Ja, wie weltoffen sind sie denn? (spöttisch). Da wird mit den Stellenausschreibungen nur in den, also es müssen Mitarbeitende sein, die christlicher Kirchen sind und, ähm, wenn sich dann niemand meldet und dann NIEMAND gefunden wird, dann, ähm, dann wird natürlich auch auf Menschen anderer Glaubensrichtungen zugegriffen, aber wenn sie ausgetreten sind aus der Kirche oder sich haben scheiden lassen, dann ist es natürlich eine Schande (spöttisch). Ähm, also jetzt, das war jetzt mal alles sehr überspitzt, genau. (lacht)" (190)

„Wenn sich eine Organisation oder eine Kirche WELTOFFEN nennt. Und nennt sie ist FÜR ALLE MENSCHEN DA. Dann MUSS sie das auf der Vorderbühne ZEIGEN. Dann MUSS DAS klar sein, dass diese Organisation nicht nur Mutter, Vater, Kind sieht. Und dann muss auch klar sein, dass eine katholische Kirche sich mal endlich für eine Segnung und für eine Trauung von Menschen anderer Sexualität einsetzen muss, weil die Gesellschaft ist an diesem Punkt, dass sie es für NORMAL und gut erachtet, wenn Menschen anderer Sexualität heiraten. Und die Priester streiten sich immer noch über eine Segnung rum. Also ich weiß nicht, das ist so, das ist so, also mir widerspricht so sehr dieses oder widerstrebt mir so sehr dieses, was auf der Fahne steht und was gelebt wird" (191).

Der Caritas werden Widersprüchlichkeiten zugeschrieben

Die Widersprüchlichkeit, die die Teilnehmer:innen der katholischen Kirche zuschreiben, schreiben sie auch der organisierten Caritas zu.

„Oder was so das nächste Ding ist, zum Beispiel, mit den FRAUEN. Die Caritas oder kirchliche Trägerschaften bieten natürlich Beratungen für schwangere Frauen an, ähm, unterschreiben dann aber nicht den Abtreibeschein wegen dem Schutz des Lebens. Also ja. Das heißt jetzt nicht, dass der Schutz des Lebens nicht wichtig sein darf. AUF JEDEN FALL darf der wichtig sein, aber ich finde, das ist manchmal ein bisschen so (…), ja so ein bisschen Zuckerbrot und Peitsche oder irgendwie ja, es wird was auf die Fahne geschrieben, es wird was beworben und irgendwie sowas anderes, was dann dabei rauskommt/oder ja" (192).

„Mir fällt dazu/also ich hab auch, ähm, gerade noch geguckt, dass auf der Caritasseite, wenn man da schaut ‚Häufig gestellte Fragen zum Arbeiten bei der Caritas' und bei der Frage ‚Können gleichgeschlechtlich Verheiratete bei der Caritas arbeiten?' steht halt schon von wegen ‚eine Diskriminierung aufgrund der Sexualität gibt es bei der Caritas nicht'. ABER im gleichen Absatz steht ‚da die Katholische Kirche die gleichgeschlechtliche Ehe jedoch nicht anerkennt, muss im Fall der Verheiratung in jedem Einzelfall genau geprüft werden'. Und ich finde, wenn man sowas liest, ähm, also allein ‚nicht anerkannt', das macht ja auch was mit einem. Das repräsentiert ja auf der Homepage schon, ähm, dass es nicht anerkannt ist" (193)

Als Kirchenmitglieder erleben die Befragten aber auch Dissonanzen zwischen der öffentlichen Fremddarstellung der Kirche und ihren eigenen, teilweise positiven Erfahrungen in ihr, und sie erleben Dissonanzen (*„so schade" (I94), „traurig" (I95), „enttäuscht" (I95), „schlimm" (I95)*), wenn sie das Image der Caritas unter dem Image der Kirche leiden sehen. In den Einrichtungen der organisierten Caritas sehen sie aber auch informelle *„Spielräume"*, also Ausweichmöglichkeiten in der Konfrontation mit Dissonanzen:

„… ich dachte gerade echt: ‚Oh, man, scheiße'. Also es ist echt BLÖD, weil (…) die/die Katholische Kirche wirkt so – und ja schon auch zu Recht – ähm, wie als ob sie immer gegen Alles ist: ‚BUDDHISMUS BLÖD. ISLAM BLÖD. Alles blöd. Evangelische sowieso BLÖD'. Ähm. Das, das, ähm, und das, ich glaube, dass das NICHT, dass das die meisten nicht so sehen, aber es halt von DENEN, die in der Öffentlichkeit stehen, so transportiert wird, und das finde ich so, das finde ich so schade einfach." (I94)

„Ja, und das macht mich dann halt auch irgendwie so ein bisschen, ähm, JA, traurig ist jetzt vielleicht ein bisschen zu hart, aber es enttäuscht mich dann halt jetzt in Bezug wieder auf Caritas […], wenn der, ähm, wenn der katholische Laden nicht läuft, dann läuft der Caritas-Laden auch nicht arg viel anders. Da gibt es vielleicht diese Spielräume, die möglich sind, und man muss bestimmt auch nicht immer alles fragen, weil man, manchmal ist es gut, wenn man einfach NICHTS FRAGT. Aber SCHLIMM ist ja, dass man diesen Sonderweg gehen muss, und den MUSS man, solange sich die Katholische Kirche nicht deutlich reformiert, und das macht mich schon auch ein bisschen, ja, für den Moment zumindest mutlos irgendwie." (I95)

Von den Mustern der Reduktion von kognitiven Dissonanzen, welche Festinger unterscheidet, scheint vielen Befragten der ‚Weg c' verschlossen. Zumindest spricht diesen Weg der Selbstkorrektur niemand an, wenn es um die eigene Person geht. Vielmehr kombinieren sie den ‚Weg a' (Abwertung) mit symbolischen Variationen des ‚Wegs b' (Eingriff in die Realität). Das Spektrum dieser

Variationen reicht von ‚revolutionären' Symbolhandlungen (*„Mistgabeln" (196)*) bis hin zu allmählichen Reformen (*„peu à peu" (196)*), die vom persönlichen *„Zeugnis (196)"* ohne Worte' durch Appell zur Nachahmung eines vorbildlichen Verhaltens *„von der Basis (196)"* oder von der Leitungsebene ausgehen. Dieses Schwanken bringen die folgenden Abschnitte einiger Sequenzen aus einer der Gruppendiskussionen recht anschaulich zum Ausdruck:

„TN 1: Ich glaube, ich würde mit BRENNENDEN MISTGABELN REINRENNEN (lacht).

TN 2: Ja, aber genau das glaube ich nämlich tatsächlich, weil ich bin halt in diesem Bereich auch aufgewachsen. Ich, ähm, mir wurde das so beigebracht und so. Und ich, sich dagegen zu wehren, finde ich nochmal so OHHH KRASS. Also ja, das ist so ja, das wäre dann nochmal so ein Schritt halt einfach"

TN 1: „Also ich (bilde?) mir nicht ein, dass wenn ich jetzt, wenn ich die Kirche, in der Kirche dann arbeite, dass ich die, dass ich das Zölibat abschaffe und dass ich dann, ähm, die Frauen, ein Frauenpriestertum schaffen kann. Das wird nicht so sein. Da bin ich schon auch ernüchtert mittlerweile. Aber ich glaube und ich finde, ähm, gerade auch, wenn ich jetzt zum Beispiel auch […] in der Caritas arbeite, dass dann das ALLERWICHTIGSTE ist, dass MEIN Zeugnis, ähm, dem entspricht, dass mein Zeugnis Diversität enthält und das befürwortet. Und natürlich fange ich dann irgendwie von, also ich glaube, es ist wichtig, dass man von unten her anfängt, weil ich kann jetzt nicht zum Papst gehen und sagen: ‚Streich mal bitte alle Dogmen'. Das würde ich gerne und das, ähm, sollte schon auch immer oberstes Ziel sein, aber ich glaube, das, was ich ändern kann und würde, ist, dass ich zunächst mal von der Basis her das kommuniziere und viel, ähm, von meinem eigenen Verständnis her aufräume. Dass, ähm, dass es auch Bibelstellen gibt, die Homosexualität ÜBERHAUPT NICHT, ähm, überhaupt nicht als Sünde darstellen und vor allem auch: Was bedeutet Sünde? Es, ist es schlimm überhaupt? Warum ist Sünde so schlimm? Also das, dass ich da anfange. Im Kleinen von unten her, weil das denke ich am wirksamsten sein kann.

TN 2: Ich finde es RICHTIG schön, dass du das jetzt gerade so sagst [...] Ähm, weil ich glaube oder ich bin davon überzeugt, dass das genau sowas ist, was Caritas oder was auch Kirche braucht. Neue, frisch, ähm, frisch engagierte Menschen, die dann da, ähm, anfangen und frischen Wind reinbringen und natürlich nicht nur vereinzelt, sondern in einer GROSSEN Vielzahl, um so peu à peu diese Organisation irgendwie (...) mehr öffnen zu können, weil ich glaube, es ist keine Lösung, Caritas ABZUSCHAFFEN (lacht). Also ich sehe da schon eher die Reform von innen heraus. Und wie kann so eine Reform stattfinden, wenn ganz viele neue Menschen mit verschiedenen Ideen in ihren Köpfen da anfangen und anknüpfen und reformieren und nicht wenn, wenn HALT die älteren Männer mit 50, 60 dann auch mal in Rente gehen, gell (lacht). So irgendwie ... (196)

Resignation und Ohnmacht potenzieller Arbeitnehmender

Die zitierten Sequenzen bringen aber auch zugleich Resignation und Ohnmacht zur Sprache, die auf Erfahrung enttäuschter Hoffnung auf Veränderung zurückgeführt wird. Auch in den folgenden Ankerbeispielen, die Antworten auf die Frage sind, was die Teilnehmenden gern als erstes ändern würden, hätten sie einen Leitungsjob inne, wird blockierte Hoffnung zum Thema:

„... ich glaube, ich würde gerne was ändern, aber ICH hätte auch schon gleich von Anfang an, um ehrlich zu sein, so eine Art Hoffnungslosigkeit (lacht). Und würde auch vielleicht erstmal (...) denken: ‚Wahrscheinlich funktioniert es eh nicht'. (197)

„TN 1: „Ich finde die Frage unheimlich schwierig. Ähm. Weil, so wie es Frau NN schon gesagt hat, dass die Caritas so stark mit der Kirche verwoben ist und es da erst mal quasi die Kirche was ändern muss, damit die Caritas das auch im Leitbild anpassen KANN. Ähm. Ich ...

I: Darf ich Sie unterbrechen, wenn Sie sagen, ‚schwierig'? Wie ist das Gefühl, wenn Sie sagen, ‚schwierig'? Was haben Sie für ein Gefühl, wenn Sie diese Frage hören?

TN 1: Ja, eher so, dass ich glaube, dass es ja eher Aussichtslosigkeit ist. Also ich glaube nicht, dass es, ähm, so sein wird, dass sich da so viel tut, ähm, wenn man die aktuellen

Geschehnisse anschaut, ja. Ich glaube, ich wäre tatsächlich eher still, weil sich das da halt nicht gehört (lacht)" (198)

Im Blick auf die Diversitätsthematik machen die Befragten aber nicht nur auf solche Herausforderungen der Caritas aufmerksam, welche die Dimensionen Programm, Personal und Organisationskultur betreffen. Sie benennen auch die organisationsstrukturelle Dimension, das heißt, die Caritas als Positions- oder Stellengefüge mit den darüber verbundenen Steuerungs- und Arbeitsprozessen. Wir hatten oben bereits auf ein Beispiel hingewiesen, dass der Stellen- bzw. Dienstplan sich nicht immer auf die Erwartungen der Klient:innen innerhalb einer stationären Einrichtungen einstellen lässt. Aber auch beim Erstkontakt von Klient:innen kann es zu Anschlussproblemen kommen, weil die Codierung der Klient:innen an der Schnittstelle von Organisation und Umwelt versagt. Ein Befragter berichtet ein Beispiel einer Fehlcodierung, die sich dadurch bemerkbar machte, dass ein Klient aufgrund seines Aussehens (optisch) und seiner ungeschliffenen Deutschkenntnisse (sprachlich) bereits beim ‚Empfang' der Einrichtung, die sich selbst *„eine gewisse Offenheit bescheinigt" (199)*, an die Schuldnerberatungsstelle der Caritas verwiesen wurde, obwohl er einen anderen Hilfebedarf hatte. In einem anderen Fall war eingehende Post mit ausländischem Adressnamen grundsätzlich bei der Stelle der Migrationsberatung gelandet. Erst nach Wochen habe sich herausgestellt, dass der Adressnamen einer Reinigungskraft gehörte, die aber folglich ihre Post nie erhalten habe, weil diese immer der Migrationsberatung zugestellt wurde.

Lernprozess: von sozialer Schließung hin zu sozialer Öffnung

Unter unseren Befragten, die schon längere Erfahrungen als Mitarbeitende bei der Caritas haben, finden sich auch Hinweise darauf, dass ein Rückblick zeige, dass die Einrichtungen der Caritas in den letzten Jahrzehnten insgesamt einen Lernprozess von der sozialen Schließung in Richtung sozialer Öffnung durchlaufen hätten:

„Also ich denk, da ist man schon sehr viel offener geworden als vor 17 Jahren noch. Vor 17 Jahren war das immer noch so ein bisschen, hmmm. Ja, aber da ist man schon offener. Ich sag ja,

wir haben da jemanden gehabt, wo einfach gleichgeschlechtlich war, aber das war einmal Thema, da hat man gesagt: Okay. Am Anfang, und dann hat man da, aber jetzt ist das normal" (I99)

Habitustransformationen

Während zur Verbesserung des Umgangs mit Diversität einige Befragte auf eine Bottom-up-Reform durch das Personal selbst vertrauen, plädieren andere für den hierarchischen Weg von oben nach unten:

Es werden eine spezifische Personalauslese („*Mitarbeitendenauswahl*"; „*Einstellungsverfahren*") und Programmkorrekturen („*Leitbild" (I100); „Leitfäden"; „Homepages*") vorgeschlagen:

„TN 1: „Wenn ich […] neue Direktorin wäre, dann würde ich, glaube als aller, ich glaube, ich würde ihn annehmen ja. JA. REFORM (lacht). Ähm. Ich glaube ich würde versuchen, erstmal das Leitbild zu ändern. Ähm. Und würde mich mit den großen (hohen?)….

I: Was würden Sie ändern? Was würden Sie im Leitbild ändern?

TN 1: (…) Also im Leitbild würde ich ändern, dass, ähm, die eine mit allen Menschen solidarische Kirche auch wirklich mit allen Menschen solidarisch ist. Das ausdrücklich so reingeschrieben wird. Leitbild, ähm, würde ich noch viel deutlicher die Missionen und Visionen nicht nur als, ähm, Gerede da hinstellen, sondern, dass da sich auch wirklich was tut. Und genau. Ich glaube, ich würde als Direktorin antreten mit einer TATENKRAFT, ähm, und würde hoffen, dass (…) sich da auch wirklich einige Dinge umsetzen lassen und nicht immer nur debattiert wird, sondern GEMACHT wird. So. Und das müsste sich dann natürlich auch, deswegen Leitbildveränderung, ähm, in der Mitarbeitendenauswahl äußern, weil ja ganz viele neue Mitarbeitende gebraucht werden würden, die sich mit mir für neue, andere Ziele einsetzen würden (lacht)." (I100)

Neulernen, Umlernen, Entlernen

Da die Einrichtungen der Caritas nicht nur an der Stellen- und Rekrutierungsschraube drehen können, um den

Herausforderungen der Diversität konstruktiv zu begegnen, sind sie im Blick auf das vorhandene Personal gehalten, Lernprozesse zu initiieren. Man könnte auch sagen: Prozesse des Neulernens, Umlernens und Entlernens. Solche Lernprozesse auf der Ebene der Organisation, der Leitung, der Interaktion zwischen Personal und Klient:innen und ihrer Einstellungen erweist sich als ein Vorgang der Denkstilergänzung, der Denkstilerweiterung und letztlich der Denkstilumwandlung. Dabei geht es immer um Krisenerfahrungen, die durch Begleitung unterstützt werden könnten. So bedroht das Gegenüber z. B. der kulturell unvertrauten Mitarbeitenden oder des/der sexuell Fremden, die nicht in das binäre Klassifikationsschema passen, das eigene Denken-wie-üblich. Insbesondere wenn es um die Akzeptanz von sexueller Diversität geht, scheinen auf der Personalseite einige Mitarbeitende etwas „hinterherzuhinken" (vgl. I101):

„Es ist doch immer mal ein bisschen hmm, hmm. Bei manchen dauert das noch ein bisschen und bei anderen ist es egal …" (I101).

Solche konkreten Interaktionen treiben das Denken-wie-üblich in eine Krise, was nicht selten mit Angst einhergeht. Dafür müssen Begleitungen und schließlich Lösungen gefunden werden, um die Interaktion konstruktiv fortsetzen zu können. Im konstruktiven Fall führen sie in einem durchaus langwierigen und mitunter auch extern begleiteten Prozess zu Transformationen des sozialisations-, aber auch des feldspezifischen Habitus. In diesem geht es darum, an den bisherigen Bedeutungsinvestitionen zu arbeiten und diese Unterscheidungszeichen zu relativieren, d. h. von Fremdheit auf Alterität umzuschalten und eine wachsende Diversitätssensibilität zu befördern. Auf der Ebene des Personals setzt dieser Lernprozess schon (1.) bei der konkreten Erfahrung in der helfenden Interaktion an, wird (2.) ergänzt durch formelle und informelle – auch korrigierende – Gespräche unter den Mitarbeitenden. Auch (3.) Interventionen durch die Führungsebene sind erfolgreich, wenn diese mit eigenem Vorbild – Lernen am Modell – konsistent vorangeht und Differenzakzeptanz – Diversitätsakzeptanz – vorlebt. ‚Ungläubiges Staunen', Neugier, ja, Lust auf Leute, die anders sind', können auch (4.) in formellen Bildungsprozessen geweckt, aber auch die Sensibilisierung für Andersheit gefördert und dazu aufgefordert werden, angesichts einer solchen Neuheitserfahrung nicht auszuweichen, sondern sie aktiv in die Kommunikation zu heben. Begleitet werden können sie (5.) durch die Besinnung auf die eigenen (christlichen) Werte, sofern sie auch für andere Werttraditionen generalisierungs- und damit anschlussfähig sind.

Für ein erfahrungsbasiertes Lernen unter den Mitarbeitenden der Caritas (1.), von denen sich einige schwer tun, sich auf die konkreten Herausforderungen der Diversität in ihren Einrichtungen einzustellen, stehen die folgenden Ankerbeispiele:

„… Also, das sind eher positive Erfahrungen, auch mit den Mitarbeitern, die jetzt, sagen wir mal, Muslime sind oder die der Freikirche angehören. Die akzeptieren unser Haus (…) Aber die akzeptieren das auch und tragen das auch mit. Auch die Religion von der Bewohner, weil die meisten sag ich jetzt, Bewohner sind bei uns schon evangelisch katholisch. Wir hatten auch mal ein Muslim hier und das sind wir auch damals im Sterbeprozess ganz anders mit ihm umgegangen. Das war eigentlich eine ganz tolle Erfahrung . […] Und dann auch mit dem Sterben und dann kam, da kamen sie zum Waschen, und dann haben wir das alle so mitgetragen und ja organisiert, dass das auch klappt. (Mhm). Damit er auch das Gefühl hatte: Ja, das ist okay. Das war für uns auch eine ganz neue Erfahrung, aber ja, keine schlechte." (I102)

Es geht um eine Praxis der Bewertung, Grenzziehung und Identität

An der mehrmaligen Hervorhebung von *„akzeptieren"* (I102) (und der moralischen Beurteilung: (*„tolle Erfahrung" (I102); „keine schlechte" (I102)* Erfahrung) zeigt sich, dass es auch um die Auseinandersetzung um eine legitime Praxis geht, letztlich um eine Praxis der Bewertung, Grenzziehung und Identität. Man könnte ja auch ‚ablehnen'. Für die Mitarbeitenden war es offensichtlich eine bejahte Herausforderung, eine Herausforderung, die sie auch innerlich *„mitgetragen"* (I102) haben, einen konstruktiven Umgang mit einem Sterbenden anderer

Religionszugehörigkeit im Sinne des Betroffenen zu finden und die Angehörigen bei dieser Praxis aktiv zu unterstützen, so *„dass es klappt"* (I102). Durch die dabei gewonnene *„neue Erfahrung"* (I102) haben sich die Mitarbeitenden in einen kollektiven Lernprozess begeben, der rückblickend als bereichernd beurteilt wird und als bestätigend für ihre eigene Praxis von ‚caritas'. Von negativen Erfahrungen spricht die Interviewpartnerin nicht, nicht einmal indirekt oder versteckt. Offensichtlich war es gelungen, die neuen Erfahrungen in das bislang gepflegte Wertegefüge und ‚Erfahrungsgepäck' zu integrieren.

Von einem persönlichen Lernprozess der Diversitätssensibilisierung berichtet eine Interviewpartnerin, wenn sie auch die Unterscheidung von ‚fremd/vertraut' für sich (zunächst) ablehnt und durch die Unterscheidung ‚normal/unnormal' oder ‚anders/normal' (vgl. I102) ersetzt:

„… sag ich mal von mir aus, beschäftigt man sich ja schon mit der, also mit dem großen Teil von der Menschheit, dass die einfach anders sind wie Normale. Also, dass es viele andere gibt. Also das war mir jetzt nicht fremd. Ja, ich selber beschäftige mich da auch ein bisschen damit, einfach die anderen Kulturen auch ein bisschen kennenzulernen oder ja, je nach dem, was wir für Bewohner auch kriegen. Wir kriegen ja auch unterschiedliche. Dass man sich da ein bisschen auch beschäftigt. Also fremd würde ich jetzt nicht sagen, aber anders." (I102)

Eine sensible Führungs- und Leitungskraft weiß darum, weiß auch in solchen Lernprozessen ‚mit gutem Beispiel' voranzugehen, aber auch Geduld mit den Mitarbeitenden aufzubringen. Diversitätssensibilität stellt sich somit (3.) als Führungsaufgabe dar, d. h. verlangt Interaktionskompetenz. Zumindest hat sie die befragte Führungskraft als Appell verinnerlicht und ist dazu angehalten, sich selbst und ihre Mitarbeitenden daraufhin zu reflektieren.

Curative Gespräche der Leitung mit den Mitarbeitenden

Viele der Mitarbeitenden, so sagt eine Interviewpartnerin, müssten sich Schritt für Schritt …

„… ein bisschen hineinfinden. Ich denk, manche machen einfach ihren Job so tagtäglich. Und wenn dann was anderes ist, dann müssen sie sich erstmal da hineinfinden (…) dann erstmal hineinfinden in so andere Kulturen und andere Denkweisen von Flüchtlingen." (I103)

„Solange ich hier die Leitung habe – und das sage ich, also, das sag ich nicht, weil ich mir da was drauf einbilde – aber, ich will sagen, solange ich hier bin, will ich das vorleben, dass es um die liebevolle Arbeit mit den Menschen geht, egal woher die kommen […]. Anstatt auszugrenzen, sollten wir lieber lernen voneinander, aber das ist nicht leicht, da muss ich auch oft einfach zuhören und Mut machen." (I104)

Führungskräfte, so wird in den Interviews berichtet, gehen auch präventiv oder curativ in den korrigierenden Austausch (2.) mit ihren Mitarbeitenden, um deren Diversitätssensibilität zu stabilisieren:

„Es wird auch im Vorfeld kommuniziert, wenn jetzt jemand kommt mit einer ganz anderen Kultur wie hier bei uns üblich ist, sag ich jetzt. Dann wird das auch schon ein bisschen kommuniziert, dass man da ein bisschen drauf achtet, und wenn Unklarheiten sind, dass man einfach ins Gespräch kommt." (I105)

Es wird bei der diversitätssensibilisierenden Habitustransformation auch (4.) darum gehen, für das Personal feld- und milieuspezifische Fort- und Weiterbildungsprozesse bereitzustellen und mit dem Personal durch einen multiperspektivischen Ansatz, der verschiedene wissenschaftliche Disziplinen und praktische Erfahrungen einbezieht, die Diversitätsthematik in ausgewählten Dimensionen zu entfalten und Diversitätssensibilität einzuüben. Die Befragten postulieren z. B. auch ein verstärktes *„interkulturelles Training für die Ehrenamtlichen"* (I106) oder für die Hauptamtlichen die Vertiefung ihrer interreligiösen Kompetenz:

„Also am meisten würde ich das schon eigentlich so vielleicht noch ein bisschen mehr vertiefen mit Gesprächen eventuell, gerade die Glaubensrichtung von andere. Dass man die anderen vielleicht mehrere Glaubensrichtungen auch kennenlernt,

vielleicht die Mitarbeiter mal so, dass die auch ein bisschen offener werden." (I107)

Auch fordern Befragte, in bestimmten Fragen für sich selbst mehr Expertise zu gewinnen, um nicht erleben zu müssen, aus Mangel an kulturellem Kapital oder an symbolischem Kapitel (*„bloß ne Frau" (I108)*) abgewertet zu werden, wie eine Befragte, die sich weigert, aus der Kirche auszutreten, obwohl sie mit vielen ihrer diversitätshemmenden Positionierungen nicht einverstanden ist:

Wunsch nach mehr Expertise seitens der Mitarbeitenden

„Ich find, das ist halt grad der falsche Weg, dass dann alle, ähm, die Hüte schmeißen [...], von wegen ja, dann, dann lassen die sie halt ihre eigene Suppe kochen, so von wegen, ähm, in die Richtung, ich find, dann muss ich einfach meine Stärken nutzen und dafür einstehen oder für mich auch als Frau einstehen oder für andere Frauen einstehen. Und einfach in die Diskussion mit den Menschen gehen. Aber bevor ich das machen kann, muss ich erstmal in der Materie drin sein. Also, ich muss mich mit dem Thema, zum Beispiel ‚Frau in der Kirche' auskennen, des heißt, ich muss mich mit der Kirche auskennen, muss mich mit der Theologie auskennen. Ich muss da auch mit sachlichen Argumenten arbeiten können, um mit solchen Menschen in die Diskussion zu gehen. Ich hab's ganz oft auch schon der Fall gehabt, während meinem Studium, dass ich zum Beispiel mit Priesteramtskandidaten gesprochen hab, ähm, auf ner sachlichen, theologisch, meiner Ansicht nach sachlichen, theologisch fundierten Weise. [...]

Und immer wenn ich dann an so nem Punkt war, wo´s drum geht, Frau in der Kirche zum Beispiel, so wie ihr des handhabt oder wie ihr einzelne Sachen aus der Bibel dann rauszippt und sagt, aber so stehts ja drinne und [...] ich dann versuch, ja, aus Exegese heraus zum Beispiel abgeleitet, ähm, stimmt das nicht. [...] Weil ich das Gefühl hab, die sind dann ohnmächtig in ihrer Argumentation, weil nichts mehr, nichts mehr zu holen ist, wird ganz oft, find ich, die Schranke zugemacht und dann so mir des Stigma aufgedrückt: ja du hast ja eh keine Ahnung, du bist ja eh bloß ne Frau". (I108)

Offenheit für Diversität = Frage der Spiritualität

Lernprozesse brauchen Zeit, wenn es um die Auflösung traditioneller Klassifikationen und Typisierungen geht, die Diskriminierungs- und Exklusionscharakter haben.

Dies wird in zahlreichen Ankerbeispielen deutlich zum Ausdruck gebracht. Sich selbst beschreibt eine der befragten Leitungskräfte in dieser Hinsicht als einen lernbereiten, dynamischen und *„ganz offenen"* (I109) Typen. Das Neuheits- oder Fremdheitsphänomen wird zugelassen und neugierig wahrgenommen, um sich auch überraschen zu lassen, wenn nicht sogar *„bisschen sprachlos"* zu machen (I110). Sie lässt die Irritation zu, und als Interviewer:in hat man sogar den Eindruck, dass ihr dieses ‚Spiel' mit der ‚Fremdheit' sogar Freude macht. Dass die kommunikativ zum Ausdruck gebrachte Offenheit für Diversität auch eine Frage der (christlichen) Spiritualität ist, die – auch und gerade bei Begegnungen mit Neuzugängen – unter den Mitarbeitenden eingeübt werden kann, kommt in den Interviews nur am Rande zur Sprache.

Allerdings werden von den Befragten christliche Leitwerte ins Spiel gebracht, um auf der Organisationsebene aus eigener christlicher Tradition (*„Kirchwort" (I111)*) normativ Anschluss an die Herausforderungen der gesellschaftlichen Vielfalt zu finden und Diversität in der Organisationskultur der Caritas Legitimität zu verleihen. Es sind insbesondere vier Leitwerte:

1. der Wert der *„Solidarität"*,
2. der *„Nächstenliebe"*,
3. der *„Menschlichkeit"* und
4. des (paulinischen) *„Charisma"*:

„Also, ähm, mir fällt da ein Wort ein. Das ist jetzt auch wieder so ein Kirchwort, aber ich muss das ja auch üben, ne? Nein Spaß. Also, ich finde es passend. Es ist charismenorientiertes Einstellungsverfahren, nenn ich das Ganze jetzt mal. Weil es bringt NICHTS, wenn ich jetzt, ähm, also ein Freund von mir, der schwarz ist, der sagt immer ‚Ach, ich bin so der Vorzeigeschwarze in jeder Firma'. So wir haben einen, super, den, das ist jetzt prima, jetzt sind wir total tolerant und, ähm, divers. Ich finde, wenn jemand, wenn jemand homosexuell ist, aber in dem Job nichts anfangen KANN, wie NN jetzt sagt, sie will da gar nicht hin, dann müssen wir, dann bringt es nichts, die jetzt unbedingt zu ködern. Wenn die aber sich bewerben und nachdem übrigens wirksam Werbung gemacht wurde, und das braucht alles vielleicht auch Zeit, aber nachdem auch auf einen

Stand gebracht wurde, nachdem Leitfäden geändert, nachdem Homepages geändert wurden, wenn sich DANN Leute, wenn sich eine Muslime bewirbt, wenn sich, ähm, ne, ne keine Ahnung, ein Mann, äußerlich ein Mann, bewirbt, der aber sagt ‚Ich fühle mich divers', dann, und der PASST, und es irgendwie alle, alle Voraussetzungen, jetzt auch fachlich sind gegeben, dann, finde ich, ist es die perfekte Person. Ähm. Aber, also, wisst ihr, wie ich mein? Es geht nicht drum wie bei der Frauenquote, auch dieses Thema ‚wir stellen jetzt so viele Frauen ein, Hauptsache wir haben Frauen'. NE, es soll immer noch charismenorientiert sein. Und ich glaube, das ist ne, kommt in der Caritas momentan schon zu kurz." (I111)

Solidarität als Leitwert

Der Leitwert der **Solidarität** wird von den Befragten öfters genannt und ist in einigen Ankerbeispielen schon mehrmals ins Spiel gebracht worden:

„Und das find ich ist, ähm, Solidarität, dass man auch darauf auch achtet, dass wirklich jeder Einzelne gehört wird. Und das ist zum Beispiel für mich ein christlicher WERT, der auch in der christlichen, katholischen Kirche zum Beispiel praktiziert werden sollte. Dass JEDER gehört werden sollte " (I112)

„Also im Leitbild würde ich ändern, dass die Kirche mit allen Menschen solidarisch ist, aber eben auch mit allen." (I113)

Nächstenliebe als Leitwert

Die Befragten machen darauf aufmerksam, dass insbesondere der Leitwert der **Nächstenliebe** auch gesellschaftlich generalisierbar und anschlussfähig ist und selbst für Menschen mit Kirchendistanz Attraktivität entfaltet:

„Dass, ähm, dass die Caritas Caritas heißt, weil hinter dem Namen Caritas verbirgt sich für mich eigentlich was Gutes. Dass (…) die Nächstenliebe die Menschen verbindet und auch wenn ICH, also ich bin schon gläubig, aber, also nicht katholisch (lacht). Ähm. Dass die Menschen innerhalb der Organisation, die gläubig sind, sich natürlich durch den Glauben auch verbunden fühlen können. Also ich, wenn es eine katholische Organisation ist, dann heißt es nicht, dass da keine katholischen Menschen mehr arbeiten dürfen, sollen oder nicht mehr ihren Glauben leben dürfen. Oder nicht mehr überzeugt davon sein

dürfen. Ähm, deswegen das kann natürlich bleiben, aber ich glaube, ich würde mehr verändern als bleiben könnte." (I114)

„Im Blick auf meine Eltern würde ich auf jeden Fall eine Dienstleistung in Anspruch nehmen. Und auch wenn meine Eltern, also meine Eltern sind geschieden und BEIDE wiederverheiratet (lacht). Ähm. Trotzdem weiß ich, dass ihnen, dass ihnen das Christentum wichtig ist, dass ihnen vor allem die christlichen Werte wichtig sind, weil wenn man im Altersheim ist, […] dann, ja (seufzt), da weiß jetzt nicht jeder, wer katholisch ist und wer nicht, und das wird dann wahrscheinlich, also das wird in den meisten Fällen auch nicht kommuniziert. Ich glaube, dass aber besonders Nächstenliebe und Würde …." (I115)

Ganz in der Tradition christlicher Spiritualität steht die ‚Herzensbildung'[73], die das caritative Personal in die Lage versetzt, der Würde der Einzelperson des Gegenübers in der kollegialen und helfenden Interaktion Rechnung zu tragen und und damit auch dem ‚Jenseits' aller Typisierungen und Klassifikationen ist.

„Den Blick so ein bisschen auch auf das HERZ eines Menschen zu setzen. Das hört sich jetzt ein bisschen, ja aber DOCH, den Blick auf das Herz. Weil oft erfahre ich auch eher, dass der Blick mehr auf die, auf das, was jetzt so passiert, was die Kirche vielleicht NICHT vertritt, gesetzt wird. Also wie zum Beispiel, hm, die ist geschieden, das geht nicht. Aber dennoch finde ich es wichtig, eben eigentlich, den Blick auf das zu setzen, was der Mensch wirklich ist. Und zwar IN EINEM DRIN und nicht das, was er tut. Also sondern mehr eher als Mensch (das?) HERZ (lacht). Anders wüsste ich jetzt gerade nicht, wie ich das beschreiben soll, aber schon, genau, da gibt es noch so viel mehr in dem Mensch, als, wie jetzt die Kirche sagt, die Sünde. Als jetzt, ähm, die Kirche sagt, ja, Homophilie ist eine Sünde (lacht). Das finde ich SO SCHRECKLICH. Aber das ist ein Mensch." (I116)

---

73 Vgl. Michael N. Ebertz, Die Formung der Herzen, oder: Was uns in die Zukunft trägt: Professionalität und Konfessionalität, in: Sigrid Zinnecker (Hg.), Ein lernender Verband. Anspruch – Wirklichkeit – Wagnis, Ostfildern 2006, 48–61.

„Es scheint mir darum zu gehen, viel mehr, also mehr zu gucken, wer ist der Mensch, der da vor mir steht, was macht den aus und, ähm, warum ist der so? Das hat, also, das hat ja einen Grund,warum der, die so ist, da kann man nicht einfach so rüberbügeln." (I117)

Dementsprechend appellieren nicht wenige der Befragten auch an den Wert der **Menschlichkeit**, um mit den Herausforderungen der Diversität konstruktiv umzugehen. Sie haben gleichsam das Bild eines Gegenübers mit einem (inneren) ‚Kern' und einer (äußeren) Schale (*„Drumherum" (I118)*) vor sich:

Menschlichkeit als Leitwert

„Ich glaube, wir müssen uns immer wieder daran erinnern, um was geht es denn, ähm, und das würde ich mir manchmal wünschen. Für mich steht das alles wenig in Frage, weil ich immer erst einmal den Mensch sehe und dann das Drumherum." (I118)

„Ist das nicht auch, ich mein, das ist doch auch unser Wohlstand, so unsere Wünsche zu projizieren, anstatt, also, ähm, ich mein, uns dauernd mit solchen Normen zu beschäftigen, dazu haben andere gar keine Zeit. Das ist doch viel wichtiger, erst einmal zu gucken, wen hab ich da vor mir." (I119)

Einige Befragte äußern, dass sie und andere Mitarbeitende der Caritas schon längst eingeübt hätten, gesellschaftlich übliche Klassifikationen und Typisierungen (das *„Drumherum" (I118)*) zu relativieren und gleichsam zu ignorieren und ihre Aufmerksamkeit auf ‚den Menschen' – den *„Menschen mit seiner Not"* (I120) – zu fokussieren:

„Für mich hat sich die Frage der Andersartigkeit und ob sie mir fremd sind, hat sich so für mich nie gestellt. Das muss ich auch nochmal sagen, ähm, für mich hat sich die Frage, ähm, also, ich verstehe mein Christsein so, dass der Mensch mit seiner Not und mit seinem Dasein steht bei uns im Mittelpunkt, ja? Und so verstehe ich auch ‚Not sehen und handeln' und der, ähm, im übertragenen Sinn, ähm, der Samariter hat ja auch nicht gefragt bevor er geholfen hat, ähm, sag mal, ähm, wie sieht jetzt dein Parteibuch aus, welchem Glauben gehörst du an, welche Hautfarbe hast Du und würdest Du mir noch was über deine sexuelle Orientierung sagen? Das hat er ja nicht, sondern zu

Wertevermittlung als Aufgabe von Leitungskräften

dem Thema ‚Not sehen und handeln" gehört für mich, dass ich die Not sehe und handele." (I121)

Sieht man ‚Diversität' als einen Wert an, ja als einen Zentralwert der caritativen Identität (s. oben), dann kommt nicht zuletzt Leitungskräften der verbandlichen Caritas die Aufgabe der „Wertevermittlung" und die Verantwortung für eine Kultur der „Wertegeneralisierung" zu. Hans Joas versteht darunter zum einen die Einsicht, „dass tief reichende Unterschiede der Weltanschauung und der Interessenlagen sich weder unterdrücken noch in einer idealen Zukunft aufheben lassen, sondern der friedliche Umgang mit ihnen nur durch ihre Anerkennung erreicht werden kann."[74] Wir sehen dies mit den Befragten auch als eine spezifisch institutionelle Aufgabe, d. h. eine Aufgabe der normativen Organisationskultur der verbandlichen Caritas selbst, die nicht allein einzelnen Führungskräften – auf welcher Ebene auch immer – zugemutet werden kann. Hierzu gehört zum zweiten, Leitungskräfte für eine „Wertegeneralisierung", d. h. zur „Erkenntnis der Gemeinsamkeit in verschiedenen Wertetraditionen" zu schulen, die allerdings die eigene „partikulare bindende Kraft unangetastet lässt"[75], also die spezifisch christliche Begründung bestimmter Werthaltungen nicht außer Kraft setzt. Hinzu kommt die Einübung zur Empathie, also die Fähigkeit, sich in die Perspektive anderer zu versetzen, mit den Augen anderer zu sehen. Schließlich lässt sich mit Hans Joas noch „die Fähigkeit zur reflexiven Distanzierung von sich selbst"[76] betonen, aus der eine Freiheit in der Bindung erwächst, die durch Möglichkeiten der Beteiligung und der kreativen Mitgestaltung erhöht wird.

Caritas muss sich an die neue Umwelt anpassen

Die gesellschaftliche Umwelt der caritativen Arbeit, gleichsam ihr ‚Ressourcenvorratslager', hat sich gewandelt, ist diverser geworden, deshalb liefert sie ihr auch eine andere Art von Mitgliedschaft und von

[74] Hans Joas, Wertevermittlung in einer fragmentierten Gesellschaft, in: Die politische Meinung 2002, Nr. 394, 69–78, hier 75.

[75] Ebd..

[76] Ebd. S. 76.

‚Kundschaft'. Die Klient:innen des Personals sind andere geworden, *„wir kriegen ja auch unterschiedliche"* (I122) geliefert, sagt eine Befragte.

Will sich die verbandliche Caritas nicht auf das – heute so gar nicht mehr vorhandene – katholische Milieu, aus dem und für das sie einmal entstanden war, zurückziehen oder vor dem gesellschaftlichen Wandel kapitulieren, muss sie sich an die neue Umwelt anpassen, d.h. auch das Denken, Wahrnehmen, Urteilen und Handeln ihres Personals bearbeiten (und ihr Programm umstellen). Das Personal ist somit herausgefordert, umzulernen und auf Diversitätssensibilität umzustellen. Diese Lernaufgabe ist ein Lern*prozess*, d.h. Vielfalt muss wahrgenommen und in das bisherige ‚Denken-wie-üblich', das ‚Handeln-wie-üblich' und das ‚Urteilen-wie-üblich' integriert werden, um damit konstruktiv umgehen zu können. Letztlich geht es um eine Transformation eines beruflichen Habitus in den sozialen Feldern der Caritasarbeit. Im Ergebnis eines solchen Lernprozesses sind ‚die Anderen' dann zwar immer noch nicht ‚die Normalen', aber auch nicht mehr ‚fremd'. Traditionelle Unterscheidungen beginnen tabuisiert zu werden, werden aber auch fließend.

Bilanz

Die Befragten sehen die organisierte Caritas vor zahlreichen Herausforderungen, ihren Umgang mit der Diversitätsthematik in Richtung ‚mehr Diversitätssensibilität' zu bearbeiten. Dabei sehen sie ‚die Caritas' nicht an einem Null- oder Minuspunkt, von dem aus sie erst zu starten hätte. Sie hat aus der Sicht der Befragten Stärken, aber auch Schwächen, Chancen, aber es erwachsen ihr auch Risiken.

So stellt sich im Anschluss an das hier entfaltete Panorama der Einschätzungen der von uns Befragten zur Diversitätsoffenheit der Einrichtungen der Caritas die systematische Frage, welche *internen* Stärken und Schwächen, aber auch *externen* Chancen und Risiken ihnen zugeschrieben werden. Wir wollen sie entlang der nachstehenden 16-Felder-Tafel beantworten, sofern die Befragten in den Interviews darauf Hinweise gegeben haben:

	Programm	Personal/ Klient:innen	Organisation	Kultur
Stärken	1	2	3	4
Schwächen	5	6	7	8
Chancen	9	10	11	12
Risiken	13	14	15	16

Zu 1: Die verbandliche Caritas mit ihrer Zweck- und Programmformel *„Not sehen und handeln"* (I54) ist auf die kirchlichen Arbeitsrichtlinien verpflichtet, die auch *religiöse* Vielfalt zulassen, freilich funktional und hierarchisch gestuft. Mit der öffentlich bekundeten offensiven Diversitätspolitik der Caritasverbände, die auch auf eine Überwindung der bestehenden ‚Grundordnung' zielt,[77] sind die Befragten tendenziell einverstanden. ‚Solidarität', ‚Nächstenliebe', ‚Humanität' und ‚Vielfalt der Charismen' sind als christliche Programmwerte nicht nur innerkirchliche Bezugsgrößen für Diversitätsakzeptanz, sondern als Brückenwerte auch generalisierbar und

[77] Vgl. Schrage, Umsteuern.

anschlussfähig an andere soziokulturelle Wertetraditionen.

Zu 2: Den Einrichtungen der Caritas werden insbesondere auf der Seite der Klient:innen eine strukturell und kulturell große Offenheit für Diversität in allen Dimensionen (Lebensführung, Religion, ethnische Zugehörigkeit, sexuelle Identität) zugeschrieben. Hinsichtlich der Klient:innen ist die Akzeptanz von Diversität in den Einrichtungen der verbandlichen Caritas weitgehend selbstverständlich. Auch im Blick auf die Personalseite wird den Einrichtungen der Caritas eine wachsende Diversitätsakzeptanz und Diversitätssensibilisierung zugeschrieben, je jünger die Mitarbeitenden sind. Unter den Befragten waren Mitarbeitende, die sich selbst als offen mit Lust auf Leute, die anders sind, beschreiben und in diesen *„nur den Menschen"* (I122) sehen.

Zu 3: Beobachtet wird ein gewisses Maß an Abweichungstoleranz der organisierten Caritas gegenüber der verfassten Kirche beim Umgang mit Diversität, was auch Spannungen und Konflikte generiert und als Hinweis auf eine organisationelle Konfliktfähigkeit verbucht wird. Begrüßt wird die Einrichtung von entsprechenden Stellen für das Diversitätsmanagement und für Lern- und Bildungsprozesse, um Vielfalt zu üben. Wahrgenommen und berichtet wird über diversitätsfreundliche Interventionen von Leitungskräften, um Diskriminierungen zu unterbinden und zu korrigieren.

Zu 4: Wahrgenommen werden nicht nur normative Orientierungen an der christlichen Tradition (Samaritergleichnis), sondern auch Prozesse des erfahrungsorientierten und modellhaften Lernens, um (abwertende) Fremdheit in Alterität zu verwandeln. Selbst Prozesse der Arbeit an der Überwindung des zweipoligen Denkens bei der Geschlechterklassifikation (‚Transgender') sind im Gang. ‚Vielfalt' wird normalisiert, reflektiert, akzeptiert, ja divinisiert. Sie wird als einer der ‚Namen Gottes' und Marker der Selbstidentifikation der Caritas postuliert.

	Programm	Personal/ Klient:innen	Organisation	Kultur
Stärken	1	2	3	4
Schwächen	5	6	7	8
Chancen	9	10	11	12
Risiken	13	14	15	16

Zu 5: Die Koppelung der organisierten Caritas mit der verfassten Kirche wird auch als Schwäche wahrgenommen, da deren Wahrheitsmonopol- und Missionsanspruch in Gestalt einer ‚totalen Ideologie' (Karl Mannheim) dazu führen kann, andere christliche Konfessionen, andere Religionen, andere Kulturen und Formen der (sexuellen) Lebensführung (rechtlich) abzuwerten und (moralisch) zu kulpabilisieren, was innerkirchlich als höchst umstritten wahrgenommen wird, zumal auf dem Hintergrund des kirchlichen Organisationsversagens und Verlusts an Organisationsvertrauen (sexueller Missbrauch, Finanzskandale). Die sich zuspitzenden Kämpfe im kirchlichen Feld um die Durchsetzung einer legitimen Definition sowohl des Religiösen als auch der Art und Weise, die religiöse Rolle zu erfüllen (Die Frage also, wie richtige Religion (und Gottes Schöpfungsplan) bis in die private Lebensführung hinein zu praktizieren ist), strahlt auch auf die organisierte Caritas aus und verunsichert deren Mitarbeiter:innen. Angesichts der kirchenoffiziellen Homophobie und normativen Präferenz für ein restriktives Ehe- und Familienkonzept wird von den Befragten das Risiko thematisiert, die Anerkennung seitens der (wechselnden) Dienstgebenden zu verlieren, d. h. als Mitarbeiter:in die Arbeitsstelle aufgeben bzw. als Klient:in Nachteile in Kauf nehmen zu müssen.

Zu 6: Schwachstellen für Diversitätstoleranz und -akzeptanz der organisierten Caritas werden sowohl auf Seiten der Klient:innen als auch der Mitarbeitenden gesehen, je älter diese (jeweils) sind. Die Befragten erleben mithin Unterschiede zwischen den Generationen hinsichtlich der Diversitätsoffenheit in den Einrichtungen der Caritas. Der Umgang mit Klient:innen nicht-christlicher Religionen sowie der Umgang von Klient:innen mit Personal anderer geschlechtlicher und kultureller Identität können zu Konflikten in der helfenden Interaktion führen. Seitens des Personals zeigen sich sprachliche Unsicherheiten und Defizite auf der Ebene des Wissens schon bei der korrekten Benennung der Praktiken und Repräsentant:innen nicht-christlicher Religionen. Die Befragten räumen ein, dass der konstruktive Umgang mit Diversität noch nicht ,in Fleisch und Blut übergegangen', also noch nicht habitualisiert sei. Auch machen sie Kolleg:innen aus, die z.B. mit einem *„Mitarbeiter, der jetzt mit seinem Frauennamen angesprochen werden soll" (I123)*, ein Problem haben, oder sie verweisen auf *„die negativen Gespräche, die vielleicht doch noch sind, wenn jemand jetzt gleichgeschlechtliche Verbindungen hat" (I124)*. So sind bestimmte Einrichtungen der Caritas sowohl von der Personal- als auch der Klient:innen-Seite durchaus als Orte erfahrbar, wo Diskriminierungen bewusst ausgeübt (seitens Klient:innen), unbewusst reproduziert (s. etwa die unreflektierte Verwendung von *„Rasse"*) und somit Mitarbeitende wie Kund:innen von Diskriminierung getroffen werden.

Zu 7: Die Personalressourcen und Stellenpläne in bestimmten Einrichtungen der Caritas werden als nicht elastisch und flexibel genug dargestellt, um differenziert den vielfältigen Erwartungen von Klient:innen (z.B. Klientinnen und männliche Pflegekräfte) entsprechen zu können. Der Zeitbedarf in caritativen Organisationen ist groß, betriebliche Arbeitsabläufe kalkulieren mit Zeitknappheit und lassen sich offensichtlich nicht so ohne Weiteres mit der Vielfalt religiöser Rituale in Übereinstimmung bringen. Kaum im Blick ist seitens der Organisation, dass auch personeller Neuzugang und organisatorischer Aufstieg und der damit einhergehende Gewinn an ökonomischem und symbolischen Kapital (,Ehre') zu Erfahrungen der ,Fremdheit' und Exklusion (etwa unter Kolleg:innen) führen kann. Einige Befragte stellen das – auch von der Grundordnung induzierte – Phänomen, dass die Verteilung von Diversität entlang der Hierarchie einer caritativen Organisation disparat ist (oben mehr Homogenität als an der operationalen Basis), in Frage und postulieren die Trennung von professionellem Management und Konfessionalität.

	Programm	Personal/ Klient:innen	Organisation	Kultur
Stärken	1	2	3	4
Schwächen	5	6	7	8
Chancen	9	10	11	12
Risiken	13	14	15	16

Zu 8: Die normative Organisationskultur wird wegen der Dauerkonflikte um die ‚Grundordnung' als irritierend erlebt, weil unklar ist, inwieweit diese trotz ihrer kirchenrechtlichen Gültigkeit staatsrechtlich gültig und in der organisierten Caritas angewandt, d. h. verhaltensgeltend und sanktionsgeltend (‚kein Hahn kräht danach') ist. Unklar ist damit auch, inwieweit die Loyalitätsobliegenheiten der Grundordnung als Basis der Selbstidentifikation für die Unternehmen der Caritas herhalten sollen und können. Wenn ‚Vielfalt' normalisiert, reflektiert, akzeptiert, ja als einer der ‚Namen Gottes' divinisiert wird, wird dieser Marker der Selbstidentifikation der Caritas auch gegen die kirchliche Grundordnung als „ein staatlich legitimiertes Instrument der Identitätssicherung"[78] in Stellung gebracht. Mit den Befragten lässt sich somit eine gespaltene Organisationskultur erkennen: Was offiziell nicht sein darf bzw. für verboten gehalten wird, wird dennoch praktiziert und als Sachverhalt nicht in die Kommunikation gehoben. Wohl auch deshalb scheint kein Diversitätskonzept der Caritas vorhanden zu sein, jedenfalls nimmt keine Person unter den Befragten darauf Bezug. Auf der kommunikativen Ebene der Organisationskultur ist dementsprechend die Reichweite legitimer Diversität unklar. Auch ist z. B. strittig, ob ‚Diversität' mit ‚Fremdheit' oder ‚Alterität' zu bestimmen sei. Unter den Befragten oszilliert die Semantik des Begriffs der Fremdheit zwischen einem rein deskriptiven und einem wertenden, ja exkludierenden Verständnis mit symbolischem Gewaltcharakter. In einigen Organisationen der

[78] Schrage, Umsteuern, 14.

Caritas werden informelle ‚Inseln' von Klatsch und Tratsch registriert, auf denen hinsichtlich der Diversitätsthematik Unerlaubtes (Stigmatermini) geduldet bzw. ignoriert werden. Auch bestimmte Formen vestimentärer Praxis sollen offensichtlich nicht die Wahrnehmung des Personals durch andere (Bewohner:innen, Angehörige, Träger, Kolleg:innen) ‚trüben'. Die vehemente Einschränkung vestimentärer Vielfalt (Kopftuch oder Schleier) wird mit der Begründung vorgetragen, dass sie die helfenden Interaktionen in einer caritativen Einrichtung irritieren könnte. Wie eine identitätspolitische Bastion kann auch der Ausschluss nicht-christlicher ritueller Praktiken aus den hauseigenen Sakralräumen verteidigt werden. Hier werden deutliche – tendenziell fundamentalistische – ‚Reinheits-'-Grenzen gezogen.

Zu 9: Vgl. 1

	Programm	Personal/ Klient:innen	Organisation	Kultur
Stärken	1	2	3	4
Schwächen	5	6	7	8
Chancen	9	10	11	12
Risiken	13	14	15	16

Zu 10: Keine Antwort

Zu 11: Chancen, die Diversitätssensibilisierung der Caritasorganisationen zu steigern, können auch aus einem externen Vergleich mit anderen Organisationen erwachsen – auch mit Profit-Organisationen. Hierzu gehört, neben den indirekten Maßnahmen des Einflusses auf die Mitarbeitenden, auf ihre Kommunikations- und Umgangsformen und ihre Arbeitsweisen (Angebot von Schulungen, Erarbeitung von Programmvorschlägen, Aufmerksamkeitskampagnen) die Diversitätsthematik als Managementaufgabe zu verstehen, Diversität zur Chef:innensache zu machen. Damit ist impliziert, „dass mithilfe einer Strategie klare Ziele benannt werden und diese Ziele den Weg und die notwendigen Schritte beschreiben, mit denen sie erreicht werden können."[79] Hierzu gehören auch Maßnahmen der Datenerfassung und der Evaluation, die an den Kernprozessen der kirchlichen Sozialunternehmen anschließen. Insbesondere müsste es darum gehen, Strukturen zu identifizieren und zu verändern, die es bestimmten Mitarbeitenden oder Klient:innen erschweren, ihre Arbeit zu tun oder Hilfe zu erlangen oder die der Grund dafür sind, dass Menschen mit bestimmten Merkmalen für Karrieren bevorzugt und andere benachteiligt bzw. ignoriert werden. Die Diversity-Manager:innen sind (außerhalb oder innerhalb der Hierarchielinie) mit formaler Macht auszustatten, ihr Management gilt es breiter zu fassen, als es bisher öfter der Fall ist (über das Thema Migration hinaus), damit die Chance gesteigert wird, dass die Programmvorschläge in die Erwartungsstrukturen (z. B. bei der Personalrekrutierung, bei der Interaktion der helfenden Dienstleistungsgestaltung, bei Marketingmaßnahmen) übergehen können.

Zu 12: Vgl. 4

	Programm	Personal/ Klient:innen	Organisation	Kultur
Stärken	1	2	3	4
Schwächen	5	6	7	8
Chancen	9	10	11	12
Risiken	13	14	15	16

Zu 13: Zwar kann das Programm der verbandlichen Caritas als sozialstaatlich gestützter Wohlfahrtsverband in der öffentlichen Wahrnehmung von dem der verfassten Kirche, der sie zugehört (‚Caritas ist Kirche'), in der öffentlichen Wahrnehmung getrennt werden, aber diese Tendenz zur Verselbständigung einer kirchlichen ‚Zweitstruktur' wird auch öffentlich kritisiert, und ihr wird durch rechtliche und personalpolitische Koppelungsstrategien vorgebeugt. So ist das Image der Caritas – auch rezipiert über ihre Websites, wie die Befragten berichten

[79] Lukas Daubner, Leitbildprosa reicht nicht. Kann man Diversität in der Universität managen?, in: Forschung und Lehre 2018, Heft 3, 202–203, hier 20.

– vom Bild einer halbierten Diversitätsakzeptanz geprägt, weil es je nach (groß-)kirchlicher ‚Wetterlage' unter normative Vorbehalte geraten könne. Darüber droht der Caritas ein Glaubwürdigkeitsverlust.

Zu 14: Damit ist das Risiko nicht ausgeschlossen, dass bestimmte Fachkräfte oder Klient:innen erst gar nicht bei Einrichtungen der Caritas ‚anheuern' (etwa junge Student:innen der Sozialen Arbeit, aus der Kirche Ausgetretene, wiederverheiratete Geschiedene) oder sich für sie rekrutieren lassen, obwohl sie sich mit ‚dem Christentum' und dem Wert der Caritas verbunden fühlen. Je mehr sich die Bevölkerung diversifiziert, könnte die Skepsis gegenüber dem universalistischen Anspruch der Caritas (*„dieses ‚Für-alle-da-sein' im Bereich auf Klient:innen"*) wachsen, ihm nicht gerecht zu werden.

Zu 15: Für Organisationen kann es zu gesellschaftlichen Anschlussproblemen kommen, wenn die Codierung der Klient:innen an der Schnittstelle von Organisation und Umwelt versagt und die wachsende Diversität als Konzept für die Unterscheidung und zugleich Anerkennung bestimmter Merkmale ohne Resonanz in den Einrichtungen der Caritas verbleibt. Wenn schon in 75 Prozent der Profit-Unternehmen in Deutschland Diversität nicht zur Chef:innensache gemacht wird,[80] ist dies auch kaum anders für die (zumindest in einigen Dimensionen) normativ blockierten kirchlichen Sozialunternehmen zu erwarten.

	Programm	Personal/ Klient:innen	Organisation	Kultur
Stärken	1	2	3	4
Schwächen	5	6	7	8
Chancen	9	10	11	12
Risiken	13	14	15	16

Zu 16: Wenn eine Einrichtung der Caritas in einer weitgehend durch – als konservativ geltenden – Katholik:innen bestimmten (ländlichen) Bevölkerungsstruktur einge-

[80] Beyondgenderagenda, Monitor, 5 f.

bettet ist, wächst das Risiko von Spannungen zwischen den diversitätssensiblen professionellen Mitarbeitenden und den (katholisch geprägten) Klient:innen und Stakeholdern. Umgekehrt schwächt eine wachsende Diversität in der Umwelt caritativer Einrichtungen die Chance zur Identifikation mit diesen, je mehr sie ihre Selbstidentifikation mit der christlichen Grundordnung verbinden, die mittels ihrer Loyalitätsobliegenheiten dem Dienstgebenden erlaubt, „seinen Mitarbeitenden unter die Bettdecke (zu) schauen"[81]. In der Kultur einer funktional differenzierten, fragmentierten Gesellschaft ist es naheliegend, eine von einem Punkt aus verlangte „umfassende Folgsamkeit"[82] in allen Lebensbereichen zu verweigern. Ähnlich wie für Profit-Unternehmen, die sich der wachsenden gesellschaftlichen Diversität verschließen, gilt dann für die Einrichtungen der Caritas, dass sie „sich im intensivierten Wettbewerb um Talente, Innovationen und die dringend erforderlichen Antworten auf die großen wirtschaftlichen Herausforderungen unserer Zeit nicht werden behaupten können".[83]

---

81 Schrage, Umsteuern, 14.

82 Schrage, Umsteuern, 14.

83 Beyondgenderagenda, Monitor, 3.

Die Autorinnen und Autoren

Prof. Dr. Dr. Michael N. Ebertz lehrte bis Mitte 2022 Soziologie, Sozialpolitik und Freie Wohlfahrtspflege an der Katholischen Hochschule Freiburg. Als Autor zahlreicher Werke zur historischen Entstehung, Entwicklung und Transformation des Christentums geht er den aktuellen Entwicklungen der Kirchen und ihrer Organisationen nach und beschäftigt sich mit verschiedenen Erscheinungsformen in der religiösen Landschaft der Gegenwartsgesellschaft. Zusammen mit Lucia Segler führte er z. B. eine Studie über Bettelorden („Orden und Säkularisierung. Ergebnisse einer Befragung von Mendikanten in Deutschland, Österreich und der Schweiz", Münster/Berlin: LIT 2015) und eine Befragung von Mitarbeitenden der Caritas („Spiritualitäten als Ressource für eine dienende Kirche. Die Würzburg-Studie", Würzburg: Echter 2016). Er ist auch in der Beratung und Weiterbildung in der Pastoral und in der verbandlichen Caritas tätig.
Kontakt: www.michaelebertz.de

Lucia Segler ist Lehrbeauftragte an der Katholischen Hochschule Freiburg und Sozialpädagogin/Sozialarbeiterin mit dem Schwerpunkt Sozialtheologie. Derzeit arbeitet sie in eigener Praxis als Systemische Therapeutin und als Systemische Supervisorin in Supervision und Teamentwicklung von Profit- und Nonprovitorganisationen. Zusammen mit Michael N. Ebertz führte sie zahlreiche Studien durch, u. a. zur Citypastoral in Frankfurt, über die Kooperation der Caritas und Pastoral im Erzbistum Berlin und über die Erfahrungen von Patient:innen zur Frage: Was ist das Christliche in katholischen Krankenhäusern."
Kontakt: www.weitblick-freiburg.de

Werteorientierte Führungskultur

Das Buch wendet sich an Führungskräfte und Personen, denen die konkrete Umsetzung einer Führungs- und Unternehmenskultur ein Anliegen ist. Der Autor vermittelt sein Wissen und seine Erfahrungen, die er sich während seiner langjährigen Tätigkeit als Berater, als Leiter des Zentralbereiches Wertemanagement in der Vinzenz Gruppe und als Geschäftsführer einer Nonprofit-Organisation angeeignet hat. Die theoretischen Erklärungen basieren auf der Organisationsentwicklung, der Existenzanalyse und der ignatianischen Spiritualität.

Der Autor zeigt Prozesse und Methoden auf, wie eine werteorientierte Führungskultur konkret umgesetzt werden kann und veranschaulicht die theoretischen Ansätze anhand von Praxisbeispielen.

Rainer Kinast

Werteorientierte Führungskultur

Theorie und praktische Umsetzung

2. Auflage, 2023
Kartoniert/Broschiert, 172 Seiten
27,00 €
ISBN 978-3-7841-3587-8

www.lambertus.de

Offboarding

Das Buch nimmt den Übergang vom Arbeitsleben in den Ruhestand gleichermaßen aus den Perspektiven Mensch wie Unternehmen in den Fokus. Theoretische Erkenntnisse aus der Übergangsforschung, der Arbeits- und Organisationspsychologie, wie der Personalentwicklung schaffen eine fundierte Grundlage. Praxisbeispiele aus dem Beratungs- und Trainingskontext zeigen, wie die Umsetzung gelingen kann. Eine Alleinstellung nimmt das Fachbuch in seiner Darstellung der Perspektive der Gehenden, ihren Emotionen und Bedürfnissen ein. Wie eine grundlegende Anerkennung für die berufliche Tätigkeit und Lebensarbeitszeit in den Unternehmen gestaltet werden kann, ist nicht nur für werteorientierte Unternehmen ein Muss.

Die Leser:innen erhalten Inspirationen und Erkenntnisse für die Umsetzung in den unterschiedlichen Feldern der Unternehmensführung, Personalentwicklung, Beratung und Training.

Angelika Gaßmann (Hg.)

Offboarding

Fach- und Führungskräfte verlassen die Organisation

1. Auflage, 2022
Kartoniert/Broschiert, 240 Seiten
29,00 €
ISBN 978-3-7841-3350-8